阅读成就思想……

Read to Achieve

青少年心理关怀系列

愿你被世界温柔以待

终结欺凌，这样做就对了

［美］西涅·惠特森（Signe Whitson） 著
段鑫星 左博韬 赵亚平 译

8 Keys
to
End
Bullying

Strategies for
Parents & Schools

中国人民大学出版社
·北京·

图书在版编目（CIP）数据

愿你被世界温柔以待：终结欺凌,这样做就对了／（美）西涅·惠特森（Signe Whitson）著；段鑫星，左博韬，赵亚平译. -- 北京：中国人民大学出版社，2022.1

ISBN 978-7-300-29500-8

Ⅰ. ①愿… Ⅱ. ①西… ②段… ③左… ④赵… Ⅲ. ①校园－暴力行为－预防 Ⅳ. ①G474

中国版本图书馆CIP数据核字（2021）第250849号

愿你被世界温柔以待：终结欺凌，这样做就对了

[美]西涅·惠特森（Signe Whitson） 著
段鑫星 左博韬 赵亚平 译
Yuan Ni Bei Shijie Wenrou Yidai: Zhongjie Qiling, Zheyang Zuo Jiu Duile

出版发行	中国人民大学出版社		
社　　址	北京中关村大街31号	邮政编码	100080
电　　话	010-62511242（总编室）	010-62511770（质管部）	
	010-82501766（邮购部）	010-62514148（门市部）	
	010-62515195（发行公司）	010-62515275（盗版举报）	
网　　址	http://www.crup.com.cn		
经　　销	新华书店		
印　　刷	天津中印联印务有限公司		
规　　格	148mm×210mm　32开本	版　次	2022年1月第1版
印　　张	8　插页1	印　次	2024年8月第2次印刷
字　　数	161 000	定　价	59.00元

版权所有　　侵权必究　　印装差错　　负责调换

推荐序

青少年欺凌一直是家长、学校、社会共同关注的社会问题。随着互联网的发展，通过自媒体及其网络视频发布等形式，青少年欺凌问题也日趋从隐蔽性走向外显化，不仅引发公众的关注，更受到党和国家的高度重视。近年来，我国相继出台了一系列政策、法律法规等，从制度上预防和解决青少年欺凌问题。中共中央、国务院印发的《中长期青年发展规划（2016—2025年）》指出，优化青少年成长环境，有效遏制校园欺凌、校园暴力等案（事）件发生。2020年修订的《中华人民共和国未成年人保护法》第三十九条明确提出，学校应当建立学生欺凌防控工作制度，对教职员工、学生等开展防治学生欺凌的教育和培训，对相关未成年学生及时给予心理辅导、教育和引导。

随着社会的广泛关注、立法机关的努力创制、司法机关的大胆创新、学校的积极宣传引导、社会服务机构的主动干预，我国针对校园欺凌的预防和干预取得了一定的成效，但仍有较大的提升空间：一是关于欺凌及其后果的认识，全社会需要进一步探讨、澄清，形成新的共识；二是关于欺凌的事先预防、事后的干预和补救措施，还需要更多的实践、反思和总结；三是关于欺凌的早期发现和家庭的及时支持，还需要更多的宣传教育和倡导。

作为一名在儿童及青少年情绪与行为健康方面经验丰富的资深社会工作者，本书作者西涅·惠特森很好地回应了上述三个方面的问题。在本书中，你将看到作者对欺凌的详细界定和深入探讨，帮助我们更好地理解欺凌的边界、欺凌的形式、欺凌产生的原因，以及反欺凌的责任，有助于我们对《中华人民共和国未成年人保护法》中界定的欺凌形成更全面的认识，更深刻地理解反欺凌工作中多元社会主体的不同责任。

在本书中，你还将看到作者从家长、学校、社会服务机构等多个角度出发，讨论欺凌的预防、欺凌的干预和对受害者的补救性治疗措施。虽然有一些文化上的差异，但在这些措施中有很多值得我们学习和借鉴。对于关注欺凌的早期发现以及家长的有效支持和及时介入，提出来的一些策略和方法，对家长和教师都具有较高的学习价值。

信息时代，产生了一种新的欺凌方式——网络欺凌，网络欺凌是个复杂的问题，涉及线上线下的各个主体和多重要素。要想有效地预防和应对网络欺凌，儿童、青少年以及家长的作用固然非常重要，政府、企业和社会的多方参与和协作也同样必不可少（联合国儿童基金会，2018）。在本书中，作者探讨了网络欺凌问题频发的原因，并分别从青少年、家长和相关专业人士的角度提出了应对网络欺凌的办法，对于我们整合多方力量、促进社会参与解决网络欺凌问题、促进青少年健康成长，具有较强的借鉴意义。事实上，这部分内容无论对于青少年还是成年人，都具有较高的学习价值。

推荐序

本书作者西涅·惠特森具有十分丰富的儿童及青少年社会服务经验，也用十分老练的笔触，让这本书充分兼顾了专业知识的传递和阅读体验。这本书从真实案例出发，深入浅出地讲解，并辅以多项有趣的实操练习，令读者阅读十分顺畅，且在不知不觉中了解了相关知识，并掌握相关技能。可以说，这本书不仅仅是为家长和教师准备的一本优良读物，也是为反欺凌相关专业人士（包括法律工作者、社会工作者、心理咨询师等）准备的一本案头好书。

鉴于此，特予以推荐。

孙莹

中国青年政治学院社会工作系教授

中长期青年发展规划专家委员会委员

中国社会工作学会副秘书长

译者序

终结欺凌，我们一直在路上

欺凌，一直是一个社会和媒体广泛关注的话题，也是教育工作者、社会工作者与家长普遍关注的话题。但由于发生在青少年身上的，特别是发生在校园内的欺凌行为具有隐蔽性、多发性、不易辨识、不易取证等特点，因此很难被及时发现并立即制止。

作为长期从事儿童、青少年情绪以及欺凌行为研究的教育工作者，西涅·惠特森在本书中为家长和学校提供了易于实施而又切实有效的预防校园欺凌的策略，从"认识欺凌"到"直面欺凌"，再到"预防和处理欺凌"，惠特森的这本书给予了当代教育工作者以及各类学校一些启示与警示。

本书共分为八章，分别介绍了终结欺凌的八个关键点。

第1章：欺凌觉察。欺凌的定义如果过于宽泛和淡化，势必会减少人们对于欺凌的关注，同时也容易使人们被误导。作者区分了无礼、刻薄和欺凌行为间的细微差异与边界，并依次介绍了欺凌的形式、为什么会产生欺凌、谁最可能成为欺凌者以及阻止欺凌应该是谁的责任等内容。

第 2 章：与孩子建立联结。终结欺凌的前提是与孩子建立心理联结，有了心理联结，就有可能使孩子的生活发生积极的改变。成年人应投入一些时间与孩子分享心得，并且在确保安全的情况下学习倾听，倾听孩子的心声，与孩子真正地建立联结。本章还分享了与孩子建立联结的 10 个小妙招。

第 3 章：及时阻止欺凌行为。本书从家长、教师以及未成年人的角度提供了一些重要的建议，如使用前后一致的干预策略、增加成年人之间的联结、营造积极的校园环境与课堂氛围、关注易受欺凌的孩子、及时制止欺凌，并且通过案例介绍与课堂练习的方式将预防欺凌的策略付诸实践。

第 4 章：直面网络欺凌。随着网络信息时代的来临，网络欺凌的现象也逐步进入了人们的视野。本章首先介绍了网络欺凌在未成年人中的普遍程度，并提出了适用于成人和孩子的有效预防网络欺凌的策略。

第 5 章：培养孩子的社交和情绪能力。美国学术、社会与情绪学习协同会（Collaborative for Academic, Social, and Emotional Learning, CASEL）在 2011 年的研究清楚地表明，有效的社会情绪能力学习能够产生积极的社会化成果，如积极的同伴关系、更高水平的关怀和同理心、社会参与的增加以及欺凌等问题行为的减少。在第 5 章中，作者首先介绍了哪些孩子会在社会情绪能力学习中受益，并依次分析了当孩子们被问及哪些社交技巧能帮助他们有效地应对欺凌时，他们会说些什么；其次，介绍了社会情绪能力学习在预防校园欺凌方面发挥重要作用的五大策略。

第6章：将旁观者转变为"盟友"。旁观者是在欺凌现象中能够发挥重大作用的人。研究表明，在每10起欺凌事件中，有9起都有同伴在场，但其中会选择帮助同伴的连20%都不到。但当同伴挺身而出制止欺凌行为时，欺凌行为可能会在10秒内停止，有时甚至连5秒都用不到。在本章中，我们一同学习如何将旁观者转变为"盟友"，通过旁观者的事前事后干预以减少欺凌现象的出现。

第7章：向欺凌者伸出援手。难道只有被欺凌者才是受害者吗？作者认为，运用残酷和无礼行为恐吓、欺凌他人的孩子通常也是最需要同伴的群体。因此，本章从欺凌者为什么会欺凌他人入手，提出了一系列向欺凌者伸出援手的实用策略。

第8章：就欺凌问题展开持续对话与讨论。本书的最后一章是写给各类学校和组织的。我们不能忽视日常生活中所出现的欺凌现象，一如作者所提出的"防微杜渐，制止欺凌"。本章向家长、教师、学校管理人员在内的所有成年人呼吁，我们不能忽视欺凌，而是要进行一场开诚布公的对话，通过全方位记录与不懈地努力，为我们的孩子创造一个健康而又舒适的成长环境。

我们再看下本书的特点。

1. 温和的语气。本书作者惠特森是一位同理心很强的专业人士，在进行欺凌故事分享时，她时常会和故事分享者一起哭起来。我也能感受到一旦欺凌这种残酷的行为发生在未成年人身上，有时这份伤痛真的会伴随着未成年人度过余生，无论这种欺凌行为来自他人、网络、家庭、学校还是介于家校之间的任何地方。因此，整本书以温和的语气给予了我们一种希望——滋生欺凌行为的环境终将被改变，这种希望不是祈祷式的希望，而是由教师与学校持续的日常行为调整所赋予的。我们希望成年人提供的帮助可以给予孩子更好的成长环境。

2. 切实的策略。对于任何想要解决欺凌问题的人来说，好的想法总是很多，但一谈到如何进行实际应用，却往往不知所措。本书采用"识别问题、提出并解决关键问题"的逻辑，有效地解决了这一问题。作者在每一章中都提供了相应的练习，读者可以利用这些练习帮助自己和孩子理解欺凌行为，并有效地预防欺凌行为的出现。更重要的是，在每一章的结尾，这本书都给出了可以直接使用的"十大实用策略"。

3. 真实的案例。无数的新闻报道、影视作品让我们开始关注欺凌会造成多大的伤害，但反抗欺凌的鼓舞人心的例子也无时无刻地上演着。在本书中，惠特森举出了或大或小的反抗欺凌的成功案例，并结合了她所经历过的与欺凌相关的真实生活案例，为读者总结出了如何有效应对欺凌的方法。同时，书中还提供了一些示例话术，供那些想要干预并解决欺凌困境但不知道该说些什么的人使用。成年人可以用这些示例话术来与孩子、学生和欺凌者的家长等进行沟通。

无论是教师、家长、学校管理人员还是任何与青少年工作相关的从业人员，当你目睹了孩子的欺凌行为，或者知道它正在发生，

译者序

而你却对如何妥善而有效地解决这一问题犹豫不决时,这本书将会是你最好的帮手。我相信,读完这本书,你能够找到解决当前欺凌问题的办法。这本书为任何致力于改善儿童及青少年的情绪、应对其相互间的欺凌、提升儿童及青少年幸福感的人士提供了合理有效的策略建议。

能够有机会成为此书的译者,感谢出版社的郭咏雪的引荐,我们因书结缘,12年前也是郭总联系开启了《时间心理学》的翻译,这是一本改变我认知的书,也使我从此爱上了翻译。我与团队成员一起共完成了16本书的翻译,而此书是我们译作中的第17本,感谢出版社张亚捷编辑的用心,正是你们的坚持与用心,使越来越多的人能够了解欺凌,并且为防止欺凌发声、行动!

感谢翻译团队的所有伙伴,他们是张伊桐、左博韬、张悦、赵亚平、谢幸福、吕凯淇、刘莞毓、张亚琼!

感谢中国人民大学出版社给予我的支持!

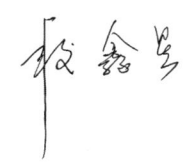

代　序

欺凌一直是团体内和学生间相互作用的一部分。在过去，所有的欺凌行为都被认为是个人（在他人背后）实施的。然而，计算机、电子邮件和在线社交网络的出现带来了另一个层面的问题。当然，不仅仅是孩子容易受到欺凌，成年人也可能成为受害者，特别是（但不仅仅是）在工作场所。

尽管人们不一定总是把欺凌当作一个严重的社会问题，但在过去的几十年里，欺凌越来越受到公众和媒体的关注，因为越来越多的暴力事件（如枪击、自杀等）的实施者其实也是欺凌的受害者。心理学家和其他心理健康领域的专家和研究人员也加入了这场争论，而关于欺凌的研究也越来越多。

在"心理健康的八个关键点"系列丛书中，一直缺少一本关于欺凌的书。问题在于，由谁来写？从她广受欢迎的网站、博客和以前的出版物来看，惠特森显然是这本书的首选作者。作为一名作家和教育家，她长期致力于打击欺凌行为，她凭借渊博的知识、丰富的经验、高度的敏感性、智慧的头脑以及极大的热忱来解决这个问题。毫无疑问，她一直站在被欺凌者一边，并且真的希望看到欺凌的终结。同时她也具有很强的直觉和判断力。她认识到，如果欺凌的定义变得过于宽泛和淡化，人们的注意力就会减弱，并且存在着被误导的危险。因此，她在一开始就将欺凌和一般性不愉快遭遇（如遭遇无礼或刻薄的对待）加以明确区分。这样做的同时，她强调了欺凌的严重后果，有时甚至是悲惨的后果。她强调欺凌是一个非常普遍的问题。

我们中的许多人都能记得自己在童年时作为受害者、参与者或旁观者所经历过的一起或多起欺凌事件。在我的记忆中，我经历过好几起被欺凌事件，但其中有一起在我的印象里特别深刻。那是在我上三年级时的某一天，一名同学问我是不是个假小子——因为我喜欢爬树、跑步和运动。我隐约记得"假小子"这个词在我的家庭里被亲切地用来形容喜欢这些运动的女孩子，所以我简单而天真地回答"是的"。老实说，我也希望这个词能够成为我们之间联结的纽带，因为我看到她也在做同样的事情，并认为她在寻找一个志同道合的人。然而，不到一天的时间，"假小子"就成了那个同学和她所认识的所有人的口头禅。我被排斥在外，而她们一有机会就嘲笑我，叫我"假小子"。

一开始，我天真地试图与他人建立社交关系，但这最终变成了我的噩梦。我不记得过了多长时间——可能是几天也可能是几周，但在那段时间里，无论是在午餐桌前还是在小组游戏中，都不允许"假小子"出现。我并不认为每个人都参与了对我的欺凌，但这足以让我的学校生活变得非常困难。我记得我哭着哀求我的父母别再让我去上学。我的父母虽然同情我，却不知道该如何帮助我。当时每个人都知道什么是欺凌，但人们认为欺凌只是一种"正常"的童

代 序

年经历。在 1958 年，没有人意识到欺凌是如何摧毁孩子的精神的。

最后，我父母坚持让我还击回去。我真的不知道那是什么意思，他们也不知道怎么教我，但我还是下定决心不向"恶势力"屈服。有一天，在课间休息时，我们正在为一场球赛选择位置，一位同学挑衅我说："我不想让一个假小子出现在我的球场里。"我振作起来回答说："那你就离我远点吧！"神奇的是（并且幸运的是），"假小子"的问题从此不复存在了。当然，大多数欺凌者并不会那么容易就被吓倒。我真的认为我很幸运，因为我是靠自己一个人解决了这个问题：没有家长或老师在那里干预。而且我所遭遇的欺凌并不是非常恶劣；我从未因此感到绝望，也从未考虑过自杀。尽管如此，这件事仍然持续影响着我的一生，只要我参与到一个团体之中，我就会感到不舒服，总是会产生一种不安全感。

本书为我们提供了终结欺凌的八个关键点，即识别问题并结束问题的具体、关键策略。惠特森以亲切友好的口吻，为家长、教师和管理者以及社区领导提供了具体、清晰、有用的指导，指导他们如何有效地进行干预。无数的新闻报道都聚焦于欺凌会造成多大的损害，但同样也有许多关于反抗欺凌的、鼓舞人心的例子。对于这些反抗欺凌的成功案例，无论大小，惠特森都列举了出来。她还提供了一些示例话术，供那些想要干预以解决欺凌困境但不知道该说些什么的人使用，这些示例话术可以用来与你的孩子、你的学生和欺凌者的家长以及其他相关人士进行交谈。每一章的结尾都有可以立即投入使用的"十大实用策略"。

在许多重要的观点中，惠特森强调了旁观者在促成和防止欺凌方面所起到的中心作用。就在几年前,我真希望能得到她的指导!当我看到一位受人尊敬的精神科医生当着全场观众(120个或更多的专业治疗师)的面欺凌并羞辱一个研讨会参与者时,我当时目瞪口呆,非常震惊。其尖刻的话语像把刀子,甚至可以把空气切开。我当时僵住了,其他人肯定也一样,因为当时没有人对此说一句话、做任何事。当被欺凌者几分钟后离开房间(而且没有回来)时,我仍然无法做出回应,无法阻止欺凌者的攻击,甚至无法接近被欺凌者并为她提供支持。我仍然认为那很可怕。我想我们都被演讲者的傲慢和气场吓到了,可能是因为害怕遭遇专业上的猛烈批驳,也可能是因为我们童年时的受害记忆使我们当时变得麻痹。我已经向自己保证,我不会再让这种情况发生了,幸运的是,我并没有机会去再一次测试自己的反应。我的经验进一步提醒我,让任何人,当然也包括孩子,公开地反对欺凌都不是一件容易的事。即使是消息灵通的成年人,或者是"坚定自信"的成年人,也会发现自己无法采取行动。不过现在,多亏了惠特森的这本书,我觉得如果再出现这样的情况,我会信心倍增,有足够多的应对方法来面对这类问题。

　　惠特森的人性之美和对孩子们的真诚投入在这本书的每一页随处可见。她给予了我们希望,让我们明白不需要容忍欺凌,即它可以被管理好,也可以被阻止。

芭贝特·罗斯柴尔德(Babette Rothschild)

"心理健康的八个关键点"系列丛书主编

前 言

艾琳在她八岁时第一次感到心碎。在上二年级的第一周，她遇到了一个叫克莉丝蒂的小女孩，两人在认识的瞬间就成了最好的朋友，在那个年龄发生了如此美好的事情。女孩们会因为对荧屏上的一个流行乐队的喜爱而成为朋友，每当学校处于暂时无人管理的状态时，她们都会自发地唱起歌跳起舞来。她们很快就达成了教室内外的"一揽子协议"，在学校安排的午餐时间和在学校不上课的时候组织安排游戏。

好几周下来，艾琳的母亲满耳朵都是"克莉丝蒂说这个""克莉丝蒂喜欢那个"，以及"克莉丝蒂告诉我，我必须做这样那样的事。"艾琳的妈妈承认她也有点患上了"克莉丝蒂狂热症"，很享受她年幼的女儿从友谊中得到的快乐。直到有一天，一切都结束了。

就在9月初温暖的日子转为10月下旬凛冽的寒日时，艾琳开始体验到关系冲突的冷酷无情。这是我在本书第1章中定义的一种令人困惑和痛苦的欺凌形式。在艾琳的世界里，关系冲突就像是分手，或者更像是被甩了。她妈妈注意到的第一件事是克莉丝蒂在学校开放日的晚上把艾琳从椅子上推下来，而这并不是在玩"抢椅子"游戏。经过一番调查，艾琳的妈妈发现，克莉丝蒂并不是像许多学龄儿童所做的那样，仅仅因为生气而对艾琳发脾气——克莉丝蒂是一个很有节制、脾气也很好的女孩，她能很好地控制自己的情绪。据后来的说法，克莉丝蒂之所以推艾琳，是因为她想这样做，她是有意而为之，是在彰显自己的权力，让自己变得冷酷。

艾琳的母亲眼睁睁地看着女孩们的老师走到推搡的现场，她的心快要跳到喉咙里了，而心里也如小兔乱撞。老师问："艾琳，你还好吗？克莉丝蒂伤到你了吗？"然而，即使艾琳只有八岁，她也知道她不能冒着激怒克莉丝蒂的危险，揭露克莉丝蒂欺负自己的行为。上二年级后，小女孩已经接受了这样一种信念：她别无选择。她只能说："没有，没关系。"克莉丝蒂马上接话茬说："我们只是在玩"，满脸堆笑，似乎让老师很满意，尤其是在一系列的开放活动中。艾琳变得更加困惑："克莉丝蒂是不是我的朋友？"她记得当时自己很疑惑。她决定继续秉持着之前的信念，带着那永恒的希望，在第二天更加全身心地沉浸在"友谊"的幻梦中。

在第二天以及接下来的几周里，克莉丝蒂依旧口蜜腹剑、"暗藏杀机"。在午餐桌上，她悄悄地告诫艾琳，她不能和女孩们坐在一起，因为她有一个"男孩的名字"。当同学们在健身房里挑选搭档参加比赛时，克莉丝蒂大声地告诉大家不要选艾琳，因为她"跑得最慢"。艾琳的心在燃烧。当艾琳放学后约她玩的时候，克莉丝蒂直截了当地告诉她："你不再是我最好的朋友了。"于是艾琳的心碎了。

艾琳在大多数时候都在默默地承受这些痛苦，但她的母亲还是

前　言

注意到女儿对学校的所有热情都已消失殆尽，一改平时快乐向上的社交举止，变得非常谨慎。在"你不再是我最好的朋友"的言论发出后的下午，艾琳的妈妈听到女儿在卧室里哭。她问艾琳怎么了，艾琳反过来问她："妈妈，我到底做什么才能让克莉丝蒂再次喜欢我呢？"

这件事发生在几年前，但当艾琳的妈妈回忆起她年幼的孩子所承受的痛苦和自我怀疑时，她仍然热泪盈眶。对于那些说孩子的问题无关紧要的人，我要回敬他们一句："任何年龄段的欺凌所造成的痛苦都是令人心碎的。"

* * *

作为一名有执照的社会工作者和儿童、青少年情绪与行为健康相关问题的专业教育者，我要做很多事，包括旅行、培训、写作、交谈和倾听（这一点最重要）。在所有这些形式的接触中，我最喜欢与那些关心欺凌的专业人士和家长互动，因为欺凌是最能激起人们内心深处的情感和引发热烈反应的主题。从专业人士有效制止校园欺凌的成功案例，到家长口中孩子被同龄人无休止地折磨的令人心碎的描述，每个人在欺凌问题上都有着自己的故事。

有时候，我在听故事分享者讲述自己的遭遇时会一起流泪。抑或，我会为那些成功介入以终止欺凌的孩子们而欢呼。更多时候，我会对欺凌这种残酷行为变得如此普遍而感到胆寒。发生在未成年人身上的欺凌行为有时真的会伴随着他们度过余生，无论这种欺凌源于他人、网络、家庭、学校还是介于家校之间的任何地方。

那么，为什么我要谈论一个如此残酷并给人带来持久痛苦的话题，并为此写本书呢？事实是，除了眼泪和伤痛，我感觉到了更强大的东西——希望。

我相信我们有机会改变青少年当中的欺凌文化，我认为要解决这一问题，那些每天和孩子一起生活，以及从事与青少年相关工作的人士要首先行动起来。对于一个如此普遍的问题，没有一步到位的答案，我不会给出所谓的简易策略或公式化的答案，使摆在我们面前的工作简单化。然而，我从经验中得知，真正的改变发生在人与人之间，每当我接触到一群专业人士和家长时，我都希望改变可以从我们开始。

拿起这本书，你将会对改善孩子生活的策略逐渐感兴趣，这就是终结欺凌的八个关键点。这是一本关于希望的书。我们并不是在碰运气，而是希望通过持续的日常活动，由善解人意、关爱青少年的成人为孩子营造更好的成长环境。这本书为教育工作者、心理健康专家、家长和青年工作者提供了无专业术语、易于实施的预防和干预策略，以改变存在于儿童、青少年当中的欺凌现象。

如何使用这本书

书中关于终结欺凌的八个关键点是为那些积极寻求问题解决方案的读者而设计的。理论指导实践，因此每一章都有关于欺凌的最新研究和信息，读者可以利用这些信息加深自己对青少年欺凌事件动态的了解。另一方面，我认识的大多数学校工作人员和家长在想

前言

得到"我该怎么做"这个问题的答案时都会求助于书本。本书中的每一章都为如何管理欺凌行为提供了具体、实用的指导。

我是那种喜欢拿着笔阅读非小说类书籍的人。我会在文字下面划线，做笔记，看到吸引我的内容会在书页上折角。当我知道一条信息或策略对我有用时，我希望能够一遍又一遍地引用它。我写这本书的目的就是为了让你通过阅读获得新的想法，从新的想法中获得灵感，并进行一次又一次的尝试。我希望你读这本书时能把你的想法记下来。

既然谈到了记笔记，这里就不妨提一句：每一个关键点都配有一些练习，旨在考验你是否能将所读内容应用到自己的生活中——无论是将书中的内容融入你的成长经历中，还是将其融入发生在你身边的欺凌事件中。如果你在阅读时花点时间写下答案，这些练习将是最有意义的。有些练习要求你把笔放在纸上，并对孩子们做出具体的行动。也有一些练习要求你反思如何才能对易受挫的孩子产生最大化的积极影响。我希望你都能按照书中的要求做这些练习，因为在这本书上多花些时间就可以让我们把帮助青少年从语言变成行动，再从行动变成积极的变化。

本书在每一章都配有丰富鲜活的真实案例，其中许多案例来自我自己的工作实践，而另一些来自我在培训课程中遇到的一些专业人士和父母的亲身经历，他们慷慨地向我分享了他们的故事——更重要的是，关于他们孩子的故事。每当我听到别人讲述自己与欺凌相关的故事时，我在专业上都会有所收获和成长。如果你有关于欺凌的经验想要分享，欢迎你发送到我的邮箱 signe@signewitson.com。

XIX

请理解，我可能无法直接回复每一封电子邮件，如果没有充分的背景知识，我不想就特定情况给出建议，但我会感谢你抽出时间来讲述你的故事。此外，如果你愿意的话，还请你就本书提供的信息和实用性策略提出反馈意见。

目 录

第1章
» **欺凌觉察** // 001
孩子们如何欺凌他人 // 009
谁是欺凌者 // 011
为什么孩子们会欺凌他人 // 014
谁是被欺凌者 // 020
欺凌是什么时候发生的 // 030
阻止欺凌是谁的责任 // 031

第2章
» **与孩子建立联结** // 037
不要吝惜你的时间 // 040
如何投入适量的时间来帮助陷入困境的孩子 // 042

如果不投入时间来帮助孩子会发生什么 // 045
让孩子们能够敞开心扉地谈论欺凌行为 // 046
认真对待有关欺凌的报告 // 054
对那些无视欺凌报告的成人做出回应 // 056
认真对待父母的欺凌报告 // 057

第3章
» **及时阻止欺凌行为** // 061

确立一致的方法应对欺凌——反欺凌立法 // 063
欺凌发生在哪里 // 065
增加成年人在场的频率 // 066
营造积极的校园氛围 // 068
如何营造积极的课堂气氛 // 070
现场干预 // 074
一个对欺凌行为进行现场干预的真实案例 // 078

第4章
» **直面网络欺凌** // 083

是什么让网络欺凌如此猖獗 // 086
孩子们应该从什么时候开始接受网络安全教育 // 089
终结网络欺凌,专业人士和家长能做些什么 // 092
终结网络欺凌,孩子们能做些什么 // 114

目 录

第 5 章

» **培养孩子的社交和情绪能力** // 119

谁从社会情绪能力学习中受益 // 123

应该让孩子在什么年龄段进行社会情绪能力学习 // 124

孩子们认为他们需要什么技能来应对欺凌 // 125

社会情绪能力学习在预防欺凌方面起到重要作用的五个策略 // 127

当一个孩子依恋一个"损友"时,你会怎么做 // 144

应当让孩子花多少时间参与到社会情绪能力学习中 // 147

对学校的一些忠告 // 148

第 6 章

» **将旁观者转变为"盟友"** // 151

为什么同伴会袖手旁观 // 155

把旁观者变成"盟友" // 159

学会运用社交技巧应对挑战是一个过程 // 172

第 7 章

» **向欺凌者伸出援手** // 175

是什么驱使孩子欺凌他人 // 178

关注欺凌者的心理需求 // 186

如何向欺凌者伸出援手 // 186

哪些策略无法帮助到欺凌者 // 192

对读者的期许 // 197

第 8 章

» 就欺凌问题展开持续对话与讨论　　　　// 201

　　关于欺凌,我们是否谈论得过多了　　　　// 205

　　当校园欺凌行为被淡化时,家长可以做什么　　// 208

　　学校可以做什么来使人们就欺凌问题保持对话　　// 216

第 1 章
欺凌觉察

8 Keys
to End Bullying
Strategies for Parents &
Schools

第 1 章　欺凌觉察

　　什么是欺凌？有关终结欺凌之书似乎都以此问题开篇。因为学校工作人员、家长以及孩子分享的遭遇不同，所以对这个问题的回答也大相径庭。现在，我为被欺凌的孩子能为自己发声而感到欣慰。不久之前，"孩子毕竟是孩子"的论调还非常盛行，在学校和社区遭遇欺凌行为的孩子会因为向成年人寻求帮助而被贴上"软弱""搬弄是非"的标签。

　　当我听到家长们讲述他们的孩子在学校遭受欺凌的经历时，常常泪流满面。最近，一名上中学的女孩与我分享了她在学校食堂里遭受欺凌的经历，我感同身受，亦无法摆脱痛苦。当她在食堂里寻找空位时，遭到了一群有"预谋"的同学的排斥，他们早已商量好让她没有位置可坐。发生在校车上、更衣室里、课间和网络上的肢体、语言攻击行为和欺凌现象屡见不鲜，欺凌者的残忍无情令人瞠目结舌。

　　受害者的遭遇都是令人不寒而栗的，也是难以言说的，而我写这本书的初衷就是坦诚地与读者分享这些故事，以期改变现状。

以下是最近刚刚了解我专业工作的一位邻居分享的一个经历：

"西涅，我上周在报纸上看到了你的照片，恭喜！我以前并不知道你的工作是针对这些受欺凌的学生的。这份工作太有意义了，因为目前现状的确很糟。上周，我女儿放学后受到了欺凌，当她下车时，邻居家的小孩将一大把树叶扔到了她的脸上，她到家后，外套的帽子里还留着些树叶，尽管我很惊讶却不知道该如何对付这些坏孩子。"

"她回家后难过吗？"我同情道。

"没有。她只是掸掉树叶，并告诉我他们只是在互开玩笑。"她说。

"好吧。"我会意道。我意识到孩子们常常会因感到尴尬和羞耻而对这种欺凌行为轻描淡写。"你有没有感觉到她在为那个男孩的行为打掩护？"我问道。

"不，她似乎真的觉得那样很有趣。她说她也向男孩扔树叶，我告诉她再也不要这样做了！那些孩子可真敢干。"

"那些孩子？"我澄清道，"仅仅是一个男孩朝你女儿扔树叶还是有一群孩子都欺负她？"

"一个男孩，住在离我们一个街区的地方。"她向我保证。

"他平时对你女儿凶吗？以前放学的时候欺负过她吗？"我问道，急切地想搞清楚事情经过。

"没有，至少我这么认为，那是她第一次提到这个男孩。这绝对是我第一次注意到她衣服上有叶子，但最好是最后一次！我不能容忍她被那孩子欺负。下次，我一定要让校长知道放学后发生了什么事！"

一方面，我总是试图不去弱化任何人的悲惨经历；另一方面，我也有点怀疑孩子的父母可能只是在商店过道中随意地与我分享这种特殊故事。然而，这些故事也警示我们确实有必要将欺凌行为和无礼、刻薄的行为加以区分。儿童畅销书作家特鲁迪·路德维希（Trudy Ludwig）对这几个概念进行了区分。

无礼行为 = 无意中说了伤害他人的话或做了伤害别人的事情。

我的某一个亲戚（出于礼貌隐去其姓名吧）经常上下打量我的红色卷发，然后用甜美的声音问我，"你有没有考虑过把头发染一下？"或者"西涅，我认为把头发拉直会让你看起来更稳重一些。"我这位极度宠爱孩子的家庭成员认为她在帮助我。房间里的其他人都惊诧于她的口无遮拦，而我却不禁在想，我是否真的应该变成一个黑发女郎。她的直言不讳可能让人感到不舒服，但源于她内心深处对我的爱。我该怎么做？

而对孩子们来说，指出一名同学一周内同一件衬衫穿了两次、插队，甚至将一堆碎树叶扔在别人脸上，这些戏弄对方的无礼行为看起来像是开玩笑；而就其本身而言，这些行为都可能具有欺凌性质；但从具体情景来看，无礼行为通常是自发的、无计划的，基于无意识的恶劣举止或自恋行为，这并不意味着真正地伤害了某人。

刻薄行为 = 故意地说了或做了一次（或两次）伤害别人的话或事情。

无礼和刻薄行为之间的主要区别与意图有关；无礼行为往往是无意的，但刻薄的行为很大程度上是为了伤害或贬低某人。当孩子们刻薄地批评对方的衣着、外表、智力、酷劲或任何他们可以找出的其他方面时，就会引起摩擦。刻薄话语听起来也像是出于愤怒和冲动而说出的残忍的话，出口很快就会后悔。一般来说，孩子的刻薄话语听起来像这样：

"你真的在考虑要打篮球吗？你根本不擅长运动！你这个没用的家伙，为什么不回去玩你的电子游戏呢？"

"你太胖／愚蠢／没男子气概了。"

"我恨你！"

毫无疑问，刻薄行为会给人带来很大的伤害，而当成年人让孩子为自己的刻薄行为负责时，则会使孩子的生活发生巨大的改变。然而，当涉及干预时，刻薄与欺凌有显著的差别，应该重点理解并加以区分。

欺凌行为＝一段时间内不断重复的故意挑衅行为，且攻击者与受害者力量悬殊。

丹尼尔·奥维斯（Daniel Olweus）是国际公认的"奥维斯校园欺凌预防计划"的提出者，认为欺凌具有三个关键要素：故意伤害、力量悬殊、重复性或恶意的威胁性攻击行为。施暴者通常毫不留情，且未表现出悔恨或怜悯。

奥维斯还对一般的打闹、真正的打斗和欺凌进行了有效区分。

1. **一般的打闹**。在一般的打闹中，孩子们是朋友，力量对比相对均衡。没有伤害对方的意图，气氛是友好的、和谐的。当孩子们为争夺流浪球而竞相角逐，或是为了争夺"山丘之王"的称号而"大打出手"，他们玩得很开心，但有时也会让旁观的成人很懊恼。这也是关于上文提到的扔树叶行为的最好的行为定性。

第 1 章 欺凌觉察

2. 真正的打斗。在真正的打斗中，孩子们通常不是朋友，但力量相对平衡。与刻薄行为相似，打斗通常是自发的，不会重复。真正的打斗有故意伤害的意图，情绪是消极的、激进的、紧张的。例如，当一场特别激烈的比赛结束后，操场上爆发了一场斗殴，双方是在进行真正的打斗。一天放学后，两个十几岁的孩子因为喜欢同一个人打了起来，这也是真正的打斗。

3. 欺凌。欺凌行为不同于一般的打闹和真正的打斗，因为参与其中的孩子通常不是朋友，力量不均衡，有故意伤害对方的意图，而且攻击者和受害者的情绪相异。因为恋人的移情别恋，放学后一个女孩召集她的朋友教训另一个女孩，并将这个女孩遭受欺凌时所拍下的照片通过短信的方式散播到整个年级，此时该事件就具有了欺凌性质。

欺凌行为可能发生在身体上、言语上、关系上，或通过技术手段实施，我们在下一节将对此详细阐述。然而，在我们继续讨论之前，弄清楚一个基本问题很重要，即对欺凌行为的精准定义，以及它与其他形式的攻击行为的区别。

当今的世界充斥着全天候的新闻报道和社交媒体的宣传，我们比以往任何时候都更有条件来关注重要社会问题。在过去的几年里，成年人越来越关注欺凌问题；数以百万计的学生获得了发言权；美国已有 49 个州通过了反欺凌立法；成千上万的成年人接受了培训以确保孩子在学校和社区中能获得安全和尊严，这些举措效果显著。

然而，与此同时，对欺凌这个词的滥用也会让一些人对欺凌现象心生怀疑或是不屑一顾，认为孩子们只是在小题大做。当人们错误地将无礼和刻薄的行为归类为欺凌时（不管他们只是想找个聊天的话题还是想让他人关注一下他们当前的不适），我们所有人都有可能对这个词真正的严重性变得麻木，并在孩子真的遇到问题需要成年人干预时不予理会。另外，正如《棍棒与石头》(*Sticks and Stones*)的作者埃米莉·贝兹伦（Emily Bazelon）所指出的那样，对欺凌行为的过度诊断将会浪费宝贵的财力和人力资源，使那些最需要帮助的孩子无法得到救助。

区分无礼、刻薄和欺凌行为是很重要的，老师、学校管理者、辅导员、警察、青少年工作者、父母和孩子都应当知道要注意什么以及何时进行干预。有这样一个基本观点：当成年人对什么是欺凌（和什么不是欺凌）有一个共识，并且意识到要及时干预欺凌的发生时，校园欺凌的发生率就会显著下降。欺凌是在青少年中普遍存在的问题，但当我们能够分辨出"假性欺凌警报"时，不再因为这些不实的信息而手足无措时，欺凌也就成了一个可控的问题。正如我们经常在新闻中听到的那样，在某一个公交车站，如果一个敏感的成年人能准确地辨别无礼行为和欺凌行为，或许一个孩子就可以得救。

练习：帮助孩子理解无礼、刻薄和欺凌行为的区别

正如成年人需要理解和承认无礼、刻薄和欺凌行为之间的区别一样，青少年也会在区分这些行为类型的过程中受益。当与孩子谈论每一种行为时，需要注意的是，要采取适合他们年龄段认知水平的方式，让他们对每一种行为的不同特征进行描述。如果你正在学校或社区中从事与孩子相关的工作，请把孩子们分为几个小组（每

第 1 章　欺凌觉察

组 3~5 个孩子），让他们分别描绘无礼行为、刻薄行为和欺凌行为发生时的场景。

要求小组成员仔细考虑每个场景与其他场景的不同之处。如果时间允许，最有效的方法就是鼓励孩子们把他们描绘的情景表演成小品。在每部小品结束后，就表演了哪些行为，以及为什么这些行为具有无礼、刻薄或欺凌行为的特征来展开讨论。鼓励大家去讨论大多数行为是如何连续发生的，并探讨无礼行为如何会变成刻薄行为，刻薄行为又是如何变成欺凌行为的。

问问孩子们，为什么区分这些行为很重要。鼓励他们谈论这些行为的不同场景。对于这些不同的场景，他们或许会将刻薄的评论误认为是欺凌，或者将真正的欺凌视为简单的无礼行为。

这一练习同样适用于专业人员的在职培训活动，也适用于家长的小组会议，甚至是一对一会议。

孩子们如何欺凌他人

美国国家欺凌预防中心（National Bullying Prevention Center）2012 年的报道称，每年有近三分之一（超过 1300 万）的学龄孩子遭受过校园欺凌。即使考虑到无礼和刻薄行为有时会被错误地贴上欺凌标签的情况，欺凌现象在学龄孩子中仍然是一个普遍存在的问题。识别出各种形式的欺凌行为，对于早期干预和制止欺凌行为至关重要。通常，欺凌行为有以下四种基本形式。

1. 身体攻击。暴力行为曾经是确定欺凌行为的黄金标准——孩子们的拳脚相加往往最能引起成年人的注意，并促使他们采取行动。这类欺凌行为包括殴打、拳打、掐人、踢人、吐痰、绊倒、揪头发、把别人关进储物柜、拿走或损坏别人的财物，以及其他一系列涉及外在身体攻击的行为。

2. 言语攻击。对于这些口头上的嘲弄、取笑、辱骂、涉及性的评论和威胁等言语攻击，大多数父母只是建议他们的孩子不要在意这种攻击。现在我们知道，即便是古老的谚语，只要是攻击人的话，都可以伤害到我们，甚至可以对我们造成深远的、持久的伤害。在第 5 章中，我们将会看到，现在劝告孩子去忽视言语欺凌是最无效的一类建议。

3. 关系攻击。关系攻击是欺凌行为的另一种形式，孩子们会利用他们之间的友谊（或者以绝交相威胁），来达到伤害别人的目的。社交排斥、社交回避、社交欺辱和散布谣言都属于这类普遍存在的欺凌形式。对孩子们来说，它尤其具有欺骗性和压迫性。

4. 网络欺凌。网络欺凌是一种以网络为媒介对他人造成伤害的欺凌行为。根据美国网络欺凌研究中心的辛杜佳（Hinduja）和帕钦（Patchin）的定义，这是一种"运用计算机、手机和其他电子设备故意对他人造成反复性伤害的行为。"值得注意的是，网络欺凌造成反复伤害的可能性特别高，因为电子信息可以被多方访问，从而导致反复暴露和反复伤害。

练习：识别各种形式的欺凌行为

欺凌行为不能被归结为一种单一的行为或方式。相反，大多数欺凌他人的孩子会使用多种手段，对弱小的受害者实施重复的攻击行为。了解欺凌的各种表现形式和具体行为，对成年人和孩子来说都将是非常有益的。

在进入下一节之前，列出你所看到过的欺凌行为。使用上面列出的四个类别（身体攻击、言语攻击、关系攻击和网络欺凌）来划分你的列表。尝试着在每个类别下至少写出五个具体例子——事实上，这方面的例子是数不胜数的。

接下来，想想在你所处的环境中，或者在你认识的孩子中，列表中的哪些行为是最常见的，在这些行为旁边打个星号。这些高频行为值得你的额外关注和回应。此外，你可以教给孩子一些有效识别和应对此类高频欺凌行为的具体策略。同时思考：

- 在你的列表中是否有一些特殊的欺凌行为，发生的频率较低，但会造成较大的身体或精神上的痛苦？
- 列表中的哪些行为是孩子们最有可能（向成年人）报告的？
- 列表中的哪些行为会给孩子带来更多的困惑和羞辱，因此不太可能告知成年人？
- 与关系攻击和网络欺凌相比，身体攻击和言语攻击更容易被观察到；你能做些什么来确保你能意识可欺凌的发生，并做好准备对各种形式的欺凌进行干预？
- 当你意识到清单上的行为正在发生时，你将如何应对？

谁是欺凌者

当我还是孩子的时候，我曾听到一些关于欺凌的故事，讲的是那些欺凌者，会躲在孩子上学路上的灌木丛后面，等着抢别的孩子的午饭钱。虽然我每天都打包自带午餐，但我仍然担心这些不知道潜伏在什么地方的"大男孩"会抢走我的牛奶钱。我整整警惕了五年！庆幸的是，那些"流氓"从来没有找过我。但这么多年来，直到今天，这种对于欺凌的恐惧依然笼罩在我的心头。

现实中，欺凌者的性别、年龄、体型各异。他们可能来自问题家庭，也可能来自健康的家庭；他们可能出生于富裕的家庭，也可能出生于社会经济地位较低的家庭。他们可能像坏人一样潜伏着，但他们同样也会伪装成孩子最好的朋友，藏在人们的眼皮底下。实际上，几乎任何一个孩子都可以在任意一天欺凌另外一个孩子。需要明确的是：对于谁是欺凌者这个问题，并没有一个单一的答案，也没有一份准确的资料可供教育者在开学时审阅，更没有一份系统化的清单可以让深感担忧的父母们用来指导他们的儿女如何正确选择交友对象。

相反，正如儿童畅销书作家特鲁迪·路德维希在《一个欺凌者的自白》(*Confessions of a Former Bully*) 一书中写道："所有不同类型的孩子在特定的场合都会'戴着一顶欺凌者的帽子'"。美国儿童研究委员会（Committee for Children）的科学家布莱恩·史密斯（Brian Smith）解释道："与其将欺凌视为一种个人行为，不如将它视为一种社会行为或社会过程，不要把它看成一种对个人形象的描述。"我们从研究中得知，欺凌的发生是由一系列的影响所导致的，而受到影响的对象几乎不可能仅限于任何一个特定的个体。

作为成年人，如果我们认识到孩子本质上是不断进步的，他们的行为在任何一天，甚至在某个特殊的场合都会得到指导和改进，

第 1 章　欺凌觉察

那我们就不会再把他们视作"害群之马""欺凌者""麻烦制造者""问题儿童",而是把他们看作值得被教导的孩子,并且将来可以有更好的表现。阿莉森·韦德尔·舒马赫(Allison Wedell Schumacher)写道:"将'欺凌'视作名词意味着孩子可能永远不会摆脱这个角色,而将其用作动词则会令人充满希望——孩子是能够停止攻击性行为,摘掉'欺凌的帽子',从而做出更好的选择的。"

练习:如果别人一直对你之前的欺凌行为指指点点,你会怎么想

在继续阅读之前,请花点时间回忆一下那些在你的生命中你对待别人非常不友好的时刻:有可能是最近你因为愤怒而对你的同伴大发雷霆的时刻;或者是在你小时候联合别人来对付某一位朋友的时刻。在我们的记忆中,每个人都会有一两个这样的时刻,我们对此追悔莫及。

我们都希望能做出弥补,使得我们犯过的错误被原谅。然而,假设你的行为没有被原谅,想象一下,如果别人永远因为你最尴尬、最耻辱、最反常的时刻来对你指指点点,那你会有什么感觉?人们会怎么评价你呢?从长远来看,他们会如何区别对待你呢?他们挥之不去的判断会如何影响你对自己的看法?

这种反思练习能够让我们充分了解到偶尔表现不佳是多么常见,以及一个孩子如果因为某一次令人遗憾的行为而被人指指点点、贴上标签、被人孤立是多么具有杀伤力。这项活动也可以为我们提供一个很好的契机,让成年人对某一偶然的欺凌事件进行讨论。我们并非要对孩子进行一味的惩罚并造成长期的积怨,而是以此为契机,教授他们新技能,帮助其发展出更牢固的同伴关系并做出更好的选择。

兄弟姐妹之间真的会互相欺凌吗

对于有些兄弟姐妹来说，争吵就像呼吸一样司空见惯。长期以来，为争夺遥控器以及更大、更好的卧室而争吵，一直被认为是家庭生活中正常的一部分。事实上，许多专家认为，兄弟姐妹将会从冲突中获益。因为通过解决分歧，他们会从中掌握解决冲突、解决问题以及自我控制等方面的宝贵技能。科琳娜·詹金斯·塔克（Corinna Jenkins Tucker）的一项研究发现，虽然家庭中的某些冲突有着积极的一面，但当兄弟姐妹之间的争斗越界成为欺凌行为时，孩子们所经历的心理冲击与同龄人在学校或操场上给他们造成的痛苦一样具有破坏性。区别正常吵架和破坏性欺凌行为的标准在家庭内部和外部都是一样的：父母或者看护者一旦发现反复出现的残忍行为、有意图的伤害和兄弟姐妹之间力量悬殊等迹象时，就应该保持警惕了。最好是在家庭里就把欺凌行为扼杀在萌芽状态，父母果断的干预具有双重的积极影响，既可以保护孩子免受虐待行为，又可以教育具有攻击性的孩子，教育他们这种欺凌行为在家庭、学校以及他们所生活的任何地方都是不可接受的。

为什么孩子们会欺凌他人

在本节中，我们不再讨论谁是欺凌者这一问题，而是专注于探讨一个更为关注问题解决的主题，即为什么孩子们会欺凌他人。当成年人愿意花些精力来理解是什么驱使孩子进行欺凌时，我们就能对这种现象有更深刻的见解，从而引导我们采取有效的干预措施，

第 1 章 欺凌觉察

来结束这种具有破坏性的举动。尽管每个孩子具体的、某一分钟内的欺凌动机各有不同,但我们大体上可以从四个方面来对其进行解释。

获得社会地位

小时候,每当我因为火红的头发或满脸的雀斑而被同龄人取笑时,我都会想起母亲对我说过的话:"他们只是嫉妒罢了""他们缺乏自尊"。现在看来,尽管我妈妈在很多事情上的看法都是正确的,但我内心深处一直认为,在谈到我同学这样做的动机时,她并没有说中要害。

事实上,欺凌者缺乏自尊的观念在近年来大部分欺凌事件中都站不住脚。反欺凌专家乔尔·哈伯(Joel Haber)博士指出,许多欺凌弱小的孩子实际上很受欢迎、很聪明、很自信,并且善于社交。如今,研究人员发现,许多孩子之所以欺凌别的孩子并不是因为受到不安全感的驱使,而是因为他们想要提高自己的社会地位。

美国加州大学戴维斯分校社会学系教授罗伯特·法里斯(Robert Faris)和黛安·费尔姆利(Diane Felmlee)在 2011 年进行的一项具有突破性的研究显示,许多孩子对他人的攻击性行为与获得社会地位的渴望有很大关系。此外,法里斯和费尔姆利认为,骚扰、散布谣言和排斥(言语攻击和关系攻击的标志)等方法是那些为了赢得同伴的欢迎而抛弃友谊的孩子用以达成目的最有效的策略。

维护自己的权力和控制权

欺凌弱小的孩子一般很享受支配和操纵他人给自己带来的权力感和控制感。要想进行校园欺凌，最常见的方式之一是成为一个"刁蛮女孩""强势女""大姐大"，即一个能够在同伴群体内运用自己的权威对他人施加影响的人。她的朋友（跟班）生活在恐惧中，她们担心如果不按她说的去做，她会把矛头指向她们。下面这个真实的案例发生在一个城市的中学里。

佐伊和泰勒从小学起就一直是朋友。当一切都好时，她们在一起会玩得很开心。泰勒曾经对我解释说："佐伊总是在放学后出去闲逛，并多次邀请我一起去。"她还透露，佐伊经常批评她，这使她觉得自己的衣着、音乐品味和其他朋友都很糟糕。当我开口问泰勒为什么要继续这段友谊时，她解释说："如果我告诉她自己的感受，她会让其他所有人都针对我。"

在某个周一，在学校的餐厅吃午饭时，佐伊告诉她们的同学凯莉："你不能和我们坐一桌。"当泰勒为凯莉腾出地方时，佐伊警告她："如果你和她做朋友，你就不能和我做朋友。"泰勒迅速把她的午餐托盘放回去，对凯莉说："对不起，明天吧。"

那天下午，泰勒在放学后找到凯莉，并为午饭时发生的事情道歉。她请凯莉和她一起坐公交车回家。

不到一个小时，泰勒就收到佐伊发来的短信："你就是个贱人、是个婊子，每个人都讨厌你，你这个周末不要来参加我的聚会了！"泰勒整晚都在给佐伊发短信、打电话，问她为什么会这么生气，但是佐伊从来没有回复她。

第1章 欺凌觉察

第二天在学校里,教室里的孩子没人敢和泰勒有眼神交流。吃午饭的时候,她平常坐的地方已经没有位置了。凯莉坐在她的位置上,就在佐伊旁边,她们笑着,咯咯地笑着,还拿着手机。当泰勒走近桌子时,笑声停止了,紧随其后的是死一般的寂静。泰勒在很长一段时间里担心害怕同伴们会对自己极度冷淡,如今变成了现实,甚至连她冒着被排斥的危险结交的朋友凯莉也对她敬而远之。佐伊转过身来,对着泰勒傻笑,然后大声说:"对不起,明天吧!"

同伴群体内的权威和控制权通常也是通过身体攻击和恐吓来体现的。在市区的一所高中,15岁的新生杰里米身材矮小,但喜欢逞强好胜。他经常声称要"统治学校",并吹嘘自己是如何管教别人的。虽然学校里的成年人都拿杰里米的拿破仑情结来开玩笑,但是对大多数学生来说,他可不是闹着玩的。一天下午,杰里米因为在科技课上朝一位同学的肚子打了一拳,而被带到学校办公室。当被问及当时的情况,杰里米平静地解释说:"我告诉本,我要用第一排的电脑,这是我的电脑,但他还是坐在那里。我甚至向他发出了第二次警告,让他离开。通常情况下,我是不会给出第二次警告的,但是今天,我做了一个好人。他才是罪有应得的。事实上,我对他的所作所为已经很宽容了,我甚至不知道为什么是我在这里,他才是你应该找的人。他抢了我的电脑。"

像佐伊和杰里米这些为了维护自己在同龄人中的权力和控制权而去欺凌别人的孩子,通常都有一个共同点,那就是缺乏同理心。对一些未成年人来说,同理心的缺失会体现在他们的所有行为中。对另外一些人来说,这种对社会地位、权力和控制权强烈的、情境性的渴望，导致他们忽视了他人的权利、需要和感受。在任何一种情况下，同理心的培养都是成年人对欺凌行为进行干预的关键策略，关于这一点，我将在第 5 章有所介绍。

获取同龄人的关注

对于重视社会地位、权力和控制权的未成年人来说，正是同龄人的关注，才使得他们能获得感观上的回报。在任何时候，当旁观者因为害怕被欺凌而嘲笑受害者、怂恿他人欺凌、附和欺凌者甚至保持沉默时，欺凌者的社会地位就得到了巩固，并且更有可能在未来继续这种行为。因此，制止欺凌行为发生的一个关键点是理解旁观者行为的作用，并且改变孩子这种旁观的做法，以阻止同龄人强化欺凌者的欺凌行为，即阻止社会强化的发生（见第 6 章）。

为什么未成年人（的欺凌行为）会被同龄人的关注所激励呢？这可以从神经科学中找到解释。坦普尔大学（Temple University）心理学家劳伦斯·斯坦伯格（Laurence Steinberg）在 2008 年进行的一项研究表明，作为大脑反馈回路的重要结构，青少年的腹侧纹状体在其与朋友相处时比其独处时更活跃。斯坦伯格将他的发现应用到欺凌行为的研究中，他解释说："在某种程度上，青少年认为欺凌行为会提升他们在同龄人眼中的地位，获得即时回报，他们可能不会过多考虑长期的代价。""长期代价"不但会影响欺凌者的行为后果，而且也会对欺凌行为的受害者造成深远的影响。当孩子的大脑被同伴关注这种强烈的、激励性的刺激所控制时，同理心强的孩子可能也会暂时被卷入其中，从而失去对他人的同情。认识到这一点，成年人就可以未雨绸缪，教育孩子们三思而后行，并教导他们在与所有的同龄人互动时应有意识地优先考虑他人的感受（见第5章）。

因为他们能够欺凌

到目前为止，在研究促使孩子欺凌他人的强烈动机时，我们主要关注的是社会因素。现在，我们转向一个更简单的因素：欺凌机会。

首先，大多数欺凌行为发生在没有成年人监管的地方。在学生中，大多数欺凌行为发生在餐厅、更衣室、操场、浴室、走廊、公共汽车和网络上，通常都是成年人不在场的地方。在第3章中，我们将深入研究一些切实可行的方法，有效地增加成年人的在场机会，从而显著减少未成年人之间发生欺凌行为的机会。

其次，令人深感不安的是，欺凌的发生并不仅仅与成年人的缺席有关，也与成年人推卸责任有关。有的成年人认为欺凌行为只是未成年人在成长过程中都要经历的事情，没什么大不了；或者拒绝承担责任，并以"这不在我的工作范围内。"为借口美国校园安全中心（Center for Safe Schools）2012年的研究表明，成年人对欺凌行为的态度会深刻地影响未成年人对这种行为的看法。当成年人通过他们的言语、行为或不作为向年轻人表明，欺凌行为是可以被容忍的时候，未成年人就可能凭借错误的直觉认为这种行为在他们的世界里是正常的、是可以被接受的。对于那些被社会地位、权力、控制权和同伴的关注所驱使的未成年人来说，成年人的漠不关心就变成了一张默许欺凌行为的通行证，这些未成年人也就无须对自己的行为感到内疚。

在本章的最后一节，我们将研究谁有责任制止欺凌行为，并讨论负责任的成年人在减少欺凌行为方面所应起到的作用，即明确立场，优先考虑未成年人的尊严和安全。

谁是被欺凌者

就像我们不能把所有欺凌弱小的孩子都划归为一类一样，也没有一个特定的标志来准确描述哪些孩子会受到同龄人的欺凌。然而，许多被欺凌的孩子都有一些明显的共同之处。在这一节中，我们来看看六类特别容易被欺凌的孩子都具备哪些不同的特质。

残疾的孩子

美国卫生与公众服务部（U.S. Department of Health and Human Services）的数据表明，与同龄人相比，在身体、发育、智力、情感和感官等方面有残疾的孩子更容易受到欺凌。请牢记，孩子间的力量悬殊是构成欺凌的三个关键要素之一，残疾儿童由于其身体相对较弱，在学业和社交上有能力缺陷，通常被认为更容易受到欺凌。最近，一位母亲告诉我她四岁的儿子在同龄人中是多么脆弱：

纳特一直与选择性缄默症苦苦斗争着，尽管他在某些人面前能说话，但是他在特定的社交场合却始终无法开口说话。和其他患有选择性缄默症的孩子一样，纳特能听懂别人说话，但由于潜在的焦虑感，他除了家人以外，不会和任何人说话。有一天，在学校接送纳特时，纳特的妈妈走近教室门口，透过玻璃窗可以看到纳特的两个同班同学在不停地用手掌打纳特的额头，而且班主任并不在场。一分多钟的时间里，她无奈地站在那里，不停敲着那扇锁着的门，但却无法进去，眼睁睁地看着这一幕还在继续。纳特无法开口告诉这些孩子们停下来，也无法引起老师的注意，他被同伴困在了原地。

如今，纳特的疾病已完全康复，他能够公开谈论自己在面对不受制止的攻击时无能为力的感觉。他告诉母亲，这并不是一次偶然发生的事件，而是他在学校里经常遭遇的一种欺凌模式。他回忆说，如果同伴们要求他与他们交谈，当他做不到时，同伴们会试图通过打他来强行解决这个问题。纳特无法用言语来解释自己的沉默，这使他成为同学们恶意攻击的目标。

美国国家学习障碍中心（National Center for Learning Disabilities）的詹姆斯·温多夫（James Wendorf）称欺凌是一种会在残疾儿童中爆发的"大流行病"。他指出，在有特殊情况的学生中，每天有60%的学生会受到欺凌，而欺凌行为在所有学生中发生的比例仅为25%。美国卫生与公众服务部定义了以下几个非常容易遭受欺凌的群体。

- 患有注意缺陷/多动障碍的孩子。
- 患有严重过敏症的孩子。这些孩子可能会遭受来自同伴一系列的嘲弄，从嘲笑他们的过敏症到故意使他们接触可能威胁生命的过敏原。

- 有影响外观、能力、运动功能的身体残疾（包括脑瘫、肌肉萎缩症、偏瘫、癫痫、脊柱裂）的孩子。
- 患有胰岛素依赖型糖尿病的孩子。
- 患有语言障碍或口吃障碍的孩子。
- 患有焦虑症的孩子。
- 患有学习障碍的孩子。
- 患有孤独症谱系障碍的孩子。

美国疾病控制与预防中心2012年的数据表明，大约每88名儿童中就有一名会被确诊为孤独症，孤独症成为儿童中最普遍的疾病之一。此外，据估计，患有孤独症谱系障碍的儿童受到欺凌的概率是未被确诊为患有该障碍的儿童的三倍，这对于任何想要终结欺凌的成年人来说，都是一个值得重点关注的领域。

孤独症就其本质而言是一种社会功能缺陷。患有孤独症的孩子经常错过社交线索，对他人做出不恰当的反应（或者根本没有反应）。由于具有这种社交缺陷以及对同龄人群体中复杂且不断变化的社会层级的理解能力比较低下，他们特别容易受到同龄人的欺凌。更重要的是，由于交朋友和维持友谊对他们来说非常困难，他们往往很容易被孤立。被孤立是我们即将研究的另一个受害风险因素。

超重或肥胖的孩子

肥胖也是容易让孩子们受到欺凌的一个主要因素。密歇根大学于2010年发表在《儿科学》（*Pediatrics*）杂志上的一项研究表明，不论性别、种族、社会经济地位、社交技能或学业成绩如何，与其他同龄人相比，肥胖的孩子更容易受到欺凌。研究人员发现，肥胖的孩子被欺凌的概率比那些体重正常的孩子高出 63%。

首席调查员朱莉·C. 陆蒙（Julie C. Lumeng）博士认为，如此高比例的欺凌反映了社会对肥胖人群的普遍偏见，而这种偏见正在被孩子们接受。人们认为肥胖是由于缺乏自控力和懒惰而导致的，这种观点非常普遍。于是孩子们开始将肥胖视为一种性格缺陷，而不是身体特征，因此理所当然地认为取笑超重的同龄人是没有问题的。事实上，对肥胖的污名化在我们的社会似乎已司空见惯，并且那些来自同龄人的毫无掩饰的蔑视深深刺痛着这些肥胖儿童。

性少数群体

与异性恋的同龄人相比，女同性恋者、男同性恋者、双性恋者和跨性别者群体中的青少年/青年遭受欺凌的概率异常高。《变得更好：走出来，摆脱欺凌，创造一个有价值的生活》（*It Gets Better*: *Coming Out*, *Overcoming Bullying*, *and Creating a Life Worth Living*）一书的作者丹·萨维奇（Dan Savage）声称，在性少数群体中，90% 的青少年/青年在学校曾受到欺凌。近年来，媒体特别关注了这类群体中几名青少年/青年的自杀事件，其中包括罗格斯大学新生泰勒·克莱门蒂（Tyler Clementi）和 14 岁的杰米·罗德梅耶（Jamey Rodemeyer）。尽管大多数专家认为，欺凌并非是驱使他们选择自杀的唯一因素，但是性少数群体中受到欺凌的青少年/青年试图自杀的可能性是同龄人的四到七倍。鉴于这类群体中极高的受害率和自我施暴率，学校和社区以更有效的方式来帮助这些青少年/青年就变得迫在眉睫。成年人不仅要教导孩子学会容忍同伴间的差异，还应该开始在孩子中间营造出一种接纳同伴间差异性的文化氛围，我会在第3章介绍促成该目标达成的具体方法。

遭受社交孤立的孩子

缺乏同伴支持的孩子或者害怕与他人接触的孩子，都会成为欺凌者的理想攻击目标。事实上，欺凌的本质就是制造社交孤立。无论是肢体威胁、言语辱骂、断绝友谊，还是煽动他人拒绝、忽视和排斥同龄人，抑或是利用科技手段来散布谣言和破坏声誉，欺凌者的主要目的都是让受害者感受到孤独和无助。

残疾的孩子、超重或肥胖的孩子和性少数群体中的青少年经常发现自己在社交上被孤立，要么是因为他们与同龄人的差异使他们难以和别人建立友谊，要么是因为他们的同龄人担心如果与被欺凌的孩子交往，他们也会被社会排斥。本就已经存在易被欺凌的弱点，再加上缺乏社会支持，这类孩子将承受双重打击。这会使既没有社交技能又没有社会资本的他们陷入困境之中，无法脱身。利用同伴支持的力量来帮助遭受社交孤立的孩子是帮助那些被欺凌者的关键（见第6章）。

渴望受到欢迎的孩子

到目前为止，在这一部分中，我们已经对属于弱势群体的孩子进行了讨论，他们经常处于其所在学校社会阶梯的底层，因此很容易成为被欺凌的对象。欺凌弱者是一种更加无情和懦弱的欺凌行为。然而，正如法里斯和费尔姆利在其2011年的研究中指出的那样，发生在学校和同龄人群体中的欺凌行为在很大程度上与力量相当的孩子之间互相争夺社会地位有关。

当渴望受欢迎的孩子将攻击性行为作为提高社会地位、向上攀爬的阶梯时，实际上可能会导致他们自己更容易受到欺凌。可以把这种做法想象成一场社交场合中的爬爬梯游戏：通过贬低同龄人，一个孩子的地位会暂时得到上升，但很快就会变得脆弱，被下一个玩同样幼稚游戏的同伴打压下去。虽然有些人可能会称之为因果报应，但可以肯定的是，在这场具有反复性的社会攻击性游戏中没有赢家。

情绪不稳定的孩子：被欺凌的施害者

被欺凌的施害者（bully-victim）是指某一类孩子既对同龄人表现出攻击性，又经常成为被攻击目标。这类孩子通常很难调节自己的情绪反应；他们可能会反复无常，很容易被自己的情绪所左右。与本章中提到的出于其他原因而欺凌他人的孩子相比，这一类孩子更加焦虑、抑郁、孤独和紧张。研究表明，多达三分之一的欺凌行为是由这一类孩子实施的。

正如本章前面所提到的，欺凌者经常依靠控制他人的能力来增强自身的影响力，并且他们可能会把情绪不稳定的同龄人视为自己的"牵线木偶"。

下面这起关系欺凌事件是发生在郊区一所小学中的真实案例，请注意两个渴望受到欢迎的小女孩是如何通过操纵一个情绪不稳定的同学来提升自己的社会地位的。

大人们目睹了什么

三年级的亚达和丽莎在课间休息时一起在操场上荡秋千，这时他们的同学赖利走过来问她能否和她们一起荡秋千。她们邀请赖利来荡第三个秋千，但就在赖利准备全速摇摆时，两个女孩突然停止摆动秋千，并笑着从秋千上下来跑开。亚达转过头喊道："赖利，我们要去跑道了，祝你玩秋千玩得愉快。"

赖利一脸迷茫，冲动地从秋千上跳了下来，重重地摔在地上。她弯下身去，似乎很痛的样子，揉了揉她落地时扭伤的左脚踝。然而，赖利很快站了起来，朝着跑道去追她的同学。当亚达和丽莎注意到赖利正在靠近时，她们突然离开了跑道。赖利并未因此而停下脚步，她追上了她的同学们，指着跑道对她们说了些什么。亚达和丽莎互相看了一眼，又笑了起来，然后继续跑着躲开赖利。

她们刚转过身，赖利就伸手抓住了丽莎脖子上的长围巾。她猛地一拉，让丽莎转过身来面对着她，然后抓住了围巾的另一端。赖利把围巾的两端朝着相反的方向拉，有力地勒住丽莎的喉咙。这种情况持续了不到五秒钟，亚达的呼救声引起了一位操场上的老师的注意，并立刻对此进行了阻止。赖利很快被从丽莎身边拉开，并被带到学校辅导员的办公室。丽莎被赖利的行为吓得发抖，好在没有受伤。

大人们没有看到什么

下面是关于这些女孩的一些背景信息。

赖利是一个聪明但不善于社交的八岁女孩，被诊断出患有阿斯佩格综合征。她渴望和同学们成为朋友，但经常发现自己被排斥在游戏和活动之外，因为她的同学们觉得她的行为古怪，有时甚至觉得很恶心。赖利对不断发生的同伴排斥事件感到强烈的困惑、沮丧和羞辱，并且不止一次地在学校里因情绪失控，在口头或者身体上对同伴进行攻击，使自己陷入困境中。

亚达和丽莎是非常要好的朋友，她们和赖利都上三年级，是同班同学。这两个女孩都把"受欢迎"作为她们最大的愿望之一。对于亚达和丽莎来说，赖利可预测的情绪爆发是她们娱乐的源泉。这两个社交能力很强的女孩凭直觉认为，她们可以通过学校老师和助教很容易忽视或者注意不到的细微动作，造成赖利的过激反应——像控制木偶一样有效地控制她。亚达和丽莎从过往的经验中明白，虽然赖利会因为情绪失控而陷入麻烦，但她们在同伴中的社会地位会提升，因为沉默的旁观者正看着她们如何控制赖利，而在不知情的教职人员的眼中，她们二人的行为却是无可指责的。

诱发围巾事件爆发的原因

在围巾事件发生前的几天里，亚达和丽莎每天都与赖利约好，在课间休息时去荡秋千。对于赖利来说，这个约定让她觉得自己在别人眼里是一个很重要、很受欢迎的朋友。她每天都期待着自己的愿望能够成真。然而，日复一日，每当赖利来到秋千旁，亚达和丽莎会突然抛弃她，把她一个人留在操场上。在这一周的前三天里，赖利并没有完全意识到别人在她身上开了一个残酷的玩笑。然而，在第四天的时候，她的脚踝痛苦地着地，而且连续两次看到亚达和丽莎嘲笑自己，赖利突然清楚地意识到，自己成了人们用来戏耍的对象。在意识到这一点的时候，她爆发了。

对于那些善于社交的孩子来说，情绪不稳定的孩子特别容易成为他们的"猎物"，他们会通过激发受害者强烈的情绪爆发来获得快乐和社会地位。当欺凌被伪装成友谊，友谊被用作伤害他人的利器时，像赖利这样的孩子会感到困惑、沮丧、羞辱，不知道该如何应对；而像亚达和丽莎这样口蜜腹剑的"朋友"则会一次又一次用一种很隐蔽的方式对受害者进行攻击，并且不受任何牵连。在下一章，我们将回顾赖利、亚达和丽莎之间的事件，来探讨成年人应该如何进行干预，找到攻击行为的根源，并阻止这类欺凌行为的发生。

练习：发挥弱势孩子的优势

在研究谁容易被欺凌的问题时，我们关注的是孩子身上的各种弱点。然而，事实上每个孩子都拥有其个人优势和独特的能力，他们可以借助这些优势来成功地应对欺凌。教会他们如何利用这些优势是有效干预欺凌的关键。

想想你所认识的孩子（如你的学生、你服务的客户、你自己的孩子）身上都有什么弱点容易让他们被欺负。对于每一个你所关心的人，都要问自己以下这三个重要的问题：

- 这个孩子拥有什么样的个人优势和独特的能力？
- 当这个孩子面对潜在的欺凌时，我能做些什么来培养他的抗逆力呢？

- 谁可以成为这个孩子的社会支持网络的一部分？是积极的同伴，还是支持型的父母，抑或是善解人意的辅导员？

孩子被欺凌的迹象

作为一名儿童和青少年心理治疗师、一名关于欺凌问题的教育工作者，最重要的是作为一名母亲，我乐于相信任何一个孩子，尤其是我自己的孩子如果受到欺凌，都会很乐意地来找我。然而，一个令人沮丧的现实是，大多数孩子在遭受同龄人伤害时并不愿意向成年人求助。正如我们将在第 2 章中看到的，确实会有一些实实在在的原因让孩子们不愿选择去求助大人。尽管孩子在受到欺凌时可能会选择沉默，但是成年人需要敏锐地察觉到孩子正在遭受欺凌的警示信号，这一点非常关键。只有这样他们才能对欺凌行为进行及时的干预——大多数孩子在遭受欺凌后的很长一段时间里都不愿意站出来谈论那些令他们感到痛苦和羞辱的经历。

孩子是否在遭受欺凌，可以从以下这些迹象中进行判断：

- 不明原因的伤痛/伤口；
- 财物损失；
- 衣服破损、电子设备遭到损毁等；
- 逃避学校；
- 躯体症状，如胃痛、头痛等；
- 饮食、睡眠、成绩等方面的变化；
- 逃避社交活动；

- 自尊心和自信心下降；
- 情绪变化，如放学后出现悲伤、愤怒或焦虑等情绪；
- 无助、绝望；
- 产生自我伤害的行为。

令人心碎的是，出现这些迹象的孩子也很可能有自杀倾向。一个谈论自杀、自伤、离家出走、感到无助或者责备自己被欺凌的孩子应该接受专业人士的评估。

欺凌是什么时候发生的

只要在成年人面前一提起"中学"这个词，他们大抵都会翻着白眼，唉声叹气。这一人生阶段引发了成年人的一种本能反应：他们惊恐地回忆起自己青春期的尴尬，并且一想到在接下来的日子里要教育、指导、养育和监督自己的孩子，他们就会感到恐惧。

人们在中学时代所经历的痛苦之一可能就是欺凌，并且欺凌行为在这段时间达到顶峰。2012年备受赞誉的纪录片《欺凌》(*Bully*)的制片人李·赫希（Lee Hirsch）和辛西娅·洛温（Cynthia Lowen）认为，这一阶段的欺凌行为之所以频发，是因为受欢迎程度和同龄人接纳程度在孩子们的心中越来越重要，人际关系日益复杂以及孩子们对于社交手段的运用更加娴熟。此外，荷尔蒙的激增、身体的变化以及接触网络及电子设备的机会不断增加，使得这段时光往往充斥着各种各样的欺凌行为。然而，这并不是说欺凌行为的开始和结束都发生在中学时期。大多数专业人士和家长都可以举出他们儿时在学校遭受欺凌的痛苦经历，那是一段让他们失去了纯真和自信的、令人不堪回首的记忆。由露西尔·帕卡德儿童医院（Lucile Packard Children's Hospital）和斯坦福大学医学院的研究人员开发的一份调查问卷显示，90%的小学生经历过同龄人的欺凌，近60%的受访儿童报告自己参与过某种类型的欺凌。

在收集不同年龄段的孩子遭受欺凌的统计数据时，我们面临着一些挑战，其中有一点特别值得注意：随着孩子年龄的增长，他们向成年人报告欺凌事件的可能性越来越小。由于害怕遭到报复和进一步的社交排斥，年龄较大的孩子不愿与成年人谈论同龄人的欺凌事件。因此，随着孩子的成长，成年人要对欺凌行为发生的迹象始终保持警惕，并保持开放的沟通渠道，以便让孩子们相信，在处理棘手的同龄人关系时，是可以寻求帮助的。

阻止欺凌是谁的责任

在我开始回答本章中的最后一个问题之前，我想明确地表示我对大多数教育工作者、临床医生、辅导员、青少年工作者以及孩子父母的支持。我是你们中的一员。我有幸以专业人员的身份与你们一起共事，并以我自己的育儿心得为切入点，和你们分享各自的故事。我认为你们在孩子成长过程中所发挥的作用是意义深远的。我相信，大多数把自己的职业和个人生活献给孩子的成年人都是英雄，我始终感谢你们所做的一切。

话虽如此，但也有部分成年人对孩子间的欺凌行为熟视无睹、麻木不仁，我不禁为此感到气愤。虽然我理解孩子们经常对彼此很刻薄，有时甚至是无法形容的残忍，但令我无法理解的是，当大人的竟会允许这种事情堂而皇之地发生。欺凌行为既不是不可避免的，也不是童年时光中正常的一部分，而是一种令人心痛的攻击行为，那些体贴和关怀孩子的成年人是有能力制止这种攻击的。

在本章的最后一部分，我承认成年人在阻止欺凌行为时面临着一些障碍，同时也敬佩他们为促使孩子的生活发生积极的改变所付出的努力。

永无止境的待办事项清单

虽然我坚信成年人有责任保护孩子的安全，但我也同样相信，如今的教育工作者有太多的工作要做，保护孩子的情感健康的确是一种挑战。差异化教学让课堂教师竭尽全力满足学生独特的学习需求，同时标准化考试又要求所有学习者达到共同的标准。预算被大幅削减，教师们面临着用更少的钱做更多事情的挑战。课程计划、论文评分、编写试卷、开家长会、组织学生会议、在职培训、回复电子邮件、整合技术、试行新课程……我是否涉及了所有占用老师时间的事项的一些皮毛？哦，我是不是把教育孩子的工作给落下了？教师的待办事项清单永无止境，如果我们无视这些事项所带来的压力，就会对教育工作者和孩子们都造成伤害。

尽管如此，我们仍要明确的是：学校工作人员有责任创造一种对欺凌行为零容忍的文化氛围，并保护孩子们免受身体和心理上的伤害。这一待办事项与清单上的其他事项一样重要，校长、咨询和辅导人员、教师和家长都有责任把营造关爱他人的氛围作为学校的首要任务。在这个问题上不能有"这不归我管"的想法；所有人都必须齐心协力，专业人士和家长之间必须协调一致，以阻止欺凌行为的发生。

当孩子在没有成年人干预的情况下受到无情的欺凌时，他们很难在学业上取得成功。仅凭这个原因（尽管他们还有道德上的义务），成年人就非常有必要去解决欺凌问题。除此之外，我们还需要特别注意，制止校园欺凌行为现在是教师法律义务的一部分。在1999年，美国佐治亚州是唯一一个将反欺凌写入法律的州。现在，由于人们对欺凌给孩子造成的影响有了更深刻的认识，目前美国有49个州都制定了反欺凌法（这就是我所说的进步）。根据法律规定，教师在意识到出现校园欺凌的情况下必须要着手解决这个问题——即使他们真的非常繁忙。

"这是一种成年仪式"的心态

到目前为止，我始终同情专业人士和家长在有效管理欺凌行为方面所面临的障碍。然而，一提到"孩子就是孩子"或"这是一种成年礼"的心态时，我就会抑制住自己的同情心。淡化问题的严重性不是关爱孩子的成年人会做的事，而是善于操纵别人的欺凌者会做的事。

是的，孩子们有时可能真的就是很刻薄。但成年人永远不应该把欺凌视为一种在孩子间发生的正常的、可以容忍的现象。当他们这样做的时候，他们就辜负了孩子的信任，也没有尽到成年人所应担负的责任。立刻停止这种不负责任的行为!

感到不堪重负和资源不足

在美国,学龄孩子的欺凌行为被认为是一个普遍存在的问题。如果真的存在一个能够解决问题的简易方案,那它早就被提出并实施了。你不会去想这件事,我也不会去写这件事。制止欺凌是一项复杂的挑战,它让我们许多人感到不知所措。大多数情况下,那些轻视欺凌事件的成年人往往不愿承认他们根本不知道如何处理这个问题。

学校工作人员几乎没有足够的资金和时间供他们在进行长时间的在职培训、撰写冗长的事件报告之后,还能照顾到孩子父母、欺凌者、旁观者和受害者的复杂情感。心理医生已经被隐私政策、烦琐的文书工作和排得满满的客户日程压得喘不过气来,难以实施复杂的、长期的干预措施。父母感到迫切地想要减轻孩子的心理负担,但他们又觉得自己没有准备好或没有资格进行干预。

以上似乎都是坏消息。

但好消息是,针对欺凌问题的"宏大式"解决方案正逐渐被每天所发生的一个又一个微小而有效的行动所取代,值得信赖的成年人可以向孩子们传达这样的信息:他们的尊严是最重要的,他们的安全是被放在首位的。关于终结欺凌,有一个令人满怀希望的消息:虽然没有什么灵丹妙药,但有各种简单、有针对性、快速、可行的策略,专业人士和家长都可以运用这些策略来制止欺凌。此外,大多数有效的策略还有助于在孩子和成人之间建立积极的关系,从而有效地抑制欺凌行为的产生。

在本书剩余的七个章节中，我们将致力于对这些策略进行探讨和概述，并为读者提供一些具有实用性及可操作性的指导说明。

能够帮你识别出欺凌行为的10项实用策略

1. 了解无礼、刻薄和欺凌行为之间的区别，并相应地进行干预。
2. 对孩子进行有关欺凌行为的教育，让他们知道应该注意什么，自己应该如何抗争，以及应该向值得信赖的成年人汇报什么。
3. 了解一个不知所措的孩子正在被欺凌时所发出的警示信号。
4. 试图找出促使一个孩子去欺凌他人的原因。
5. 制订一个关于如何建设性地满足孩子的切身利益（如控制权、社会地位），以及如何面对和改变攻击性行为的行动计划。
6. 识别出那些特别容易被欺凌的学生和那些最有可能欺凌他人的学生。
7. 通过对良好的行为、品质进行嘉奖来创造友善的文化氛围。
8. 摒弃"孩子就是孩子"的想法，欺凌从来都不是孩子的"成人礼"。
9. 在学校里至少指派一名成年人负责监管校园欺凌，以确保在保障学生尊严的前提下使学生们对欺凌行为的担忧能得到迅速、彻底的解决。
10. 在学校教职员工中建立一个欺凌行为应对系统，要求专业人员相互协作、各尽其责，有效应对欺凌行为。

第 2 章
与孩子建立联结

8 Keys
to End Bullying
Strategies for Parents &
Schools

第 2 章 与孩子建立联结

我认识的大多数教育工作者和为孩子服务的专业人士之所以从事这类工作,是因为我们与父母或看护者都有一个共同的愿望——为孩子的生活带来积极改变。总的来说,我们都明白实现这一目标的关键是与孩子建立有意义的联结。

遗憾的是,在这个过程中,我们经常被日常工作、家庭琐事所束缚。在论文评分,完成报告,带孩子去参加各种聚会、课外活动、运动培训,以及完成本周安排的过程中,我们发觉自己从人类变成了工具。各种事务占据了我们大部分的时间,与孩子们建立情感联系变得可望而不可及。

请不要相信这种鬼话。

与孩子建立联结是任何成年人想要促进孩子成长、发生改变的必要前提。信任是与孩子建立有意义的联系的基础,并需要通过持续的积极互动来培养这种人际联系。当孩子意识到他身边的成年人真的关心他的感受,并且对他的经历感兴趣时,他才更愿意谈论其生活中发生的事情,并愿意接受成年人的反馈。更重要的是,即使我们在试图与他们接近、交流时会不可避免地犯一些错误，孩子们也会相信我们是在真诚地帮助他们，也能谅解我们。有时，我们会提出"行不通"的建议，孩子不在乎我们说的是否正确，他们更在乎的是我们是否关心他们。孩子们往往非常敏感、非常具有洞察力。如果成年人仅仅是在走过场，单纯为了完成"任务"而问一些机械性的问题，他们的付出将是徒劳的；而那些愿意付出时间、善于倾听、认真对待孩子、不会因此而"抓狂"的成年人，从长远来看也会更容易被孩子所接受和欣赏。

在本章中，我们将探讨与孩子建立联结的意义，以及我们采取什么策略才能与孩子建立有意义的联结，从而终结欺凌。

不要吝惜你的时间

关于时间的问题，显而易见又常常被人们忽略，所以我们首先讨论它。我有时会意识到自己有一个毛病——容易受到各种"最后期限"的刺激，受制于完成某一任务的紧迫感。不断滚动的待办事项清单在我的脑海里闪过，我也享受着别人对我工作效率的赞美。然而，我在职业上犯的最大的错误，同时也是我在为人父母后最后悔的事情，就是我因为急于完成工作而没有给孩子足够的陪伴。

相信我，我从未低估工作的重要性。员工能让雇主满意，顺利完成工作就能得到薪酬。但事实上，对我而言，一天所做的全部事情甚至没有一件重要到值得给它取一个合适的名字。在一天结束的时候，我几乎不能回忆起我做过的所有事情。

第 2 章 与孩子建立联结

但另一方面，我记得过去 15 年来我所服务过的每一位孩子的名字，我可以诚实地告诉你，我和他们每一个人相处时，最美好时光都是在我放下手头的事情，倾听他们的心声之时。同样，作为一个家长，我和孩子们最难忘的快乐时刻都是在不经意间降临的。作为一个工作狂，这种不期而遇的幸福让我受宠若惊。

对于那些一提到腾出时间陪孩子就不假思索地在内心竖起一堵墙的人，我想说，我知道你们的疑虑来自哪里。我也曾经有过这种情况。但好消息是你不必放弃那些能让你在工作中表现出色、得到雇主赞赏的任务。当孩子需要你注意的时候，你只需要时不时地把这些任务放在一边。正如你我都知道的那样，当你回过头来做的时候，任务还在那里等着你。况且，孩子们在被大人忽视或晾在一边之后，也不会一直逗留在原地缠着家长。我们永远都会有做不完的工作，但是我们的孩子会很快就长大。因此，要珍惜眼下的幸福。

所有这些都说明了问题的紧迫性。好消息是：和孩子建立联结确实需要付出一些时间，但并不一定要集中花费你大量的时间。成年人要想与孩子建立持久的联结，给孩子留下深刻的印象，往往只需要几分钟，用不了很长时间，一名九岁的学生向我证明了这一点。她用一种我只能用"欣喜"二字来形容的声音告诉我，她的老师真的很喜欢她。当我问她怎么知道的时候，她解释说："每当我走进她的办公室时，她都会对我微笑，她和去年那个老师太不一样了。之前的老师总是在工作，在第二声铃响之前，她甚至都不抬头看我们一眼，只是提醒我们做错了什么。我觉得今年的老师真的很喜欢我！"通过这个孩子欣喜而激动的自述，我清楚地认识到，老师通过一个简单的微笑就能点亮一名学生的整个世界。事实上,她的老师在问候她的时候就俘获了这个学生的心。

如何投入适量的时间来帮助陷入困境的孩子

我是不是在暗示,成年人只要对孩子微笑,欺凌问题就会解决?不,一点也不。对于在同伴关系方面陷入困境的孩子来说,成年人持续五秒的面部表情远远解决不了他们的问题。然而,我想说的是,像日常暖心的问候这样短暂而简单的行为,是与孩子建立更有意义的人际联系的基础;而且从长远来看,这种做法可以向孩子传达一种信息,即成年人是能够始终如一向孩子提供温暖的,甚至可以成为值得他们信赖的、愿意倾诉的对象。

最近,一所郊区小学的资深教师和我分享了一个每天花一分钟的时间来帮助一个有点腼腆、经常被欺凌的学生发生转变的故事。

在头两周的课上,安德鲁没有和同学们说一句话。即使对我,他也只是轻声细语地、一个字一个字地往外蹦。安德鲁没有任何语言、学习或社交障碍。不过,用他自己的话来说,他"真的很腼腆"。他的母亲向我解释说,安德鲁头两年在学校里一直受到无情的欺凌,他很难想象这一学年,他的同学又会对他做什么,他很害怕。

你可以想象,有时候在学校的教室里,有一个安静的学生是很不错的,但是很明显,孩子需要与他们的同龄人和学校里的成年人互动。我知道我对于安德鲁有两种选择:要么因为他拒绝沟通而责骂他,要么帮助他。我的任教经验让我明白,为他提供帮助,并号召他的同学们也这么做,是唯一能给我们每个人带来积极结果的选择。

因此,从学年之初,我就让安德鲁负责清点同学们每天的午餐。为了完成这项工作,安德鲁每天早上都要对20名同学进行询问调查,看看谁要自带午餐,谁在学校的食堂里买午餐。对于那些买午餐的同学,他不得不问第二个问题:他们是购买普通的午餐还是代餐?

在执行任务的前几周,我给予安德鲁大量的指导。我教他具体需要说些什么,关于如何完成这一分钟的午餐清点工作,我们练习了好几次。我们甚至在课堂上排练了这一过程,我教我的每个学生如何与安德鲁进行眼神交流,并且要肯定他做得很好,在他犹豫的时候要有耐心。我知道,花些时间教会我的学生如何相互帮助与我们在学年里要完成的任何阅读或写作课一样有价值。我也知道,我必须在学年初期这样做,否则安德鲁发生转变的可能性就会降低。

我清楚地记得安德鲁站在全班同学面前时的表情,深呼吸了一次又一次,然后才开口说话。我承认,有几天我脑子里想:"安德鲁,如果你不快点数清午餐的数量,自助餐厅的工作人员就要对我大喊大叫了!就现在,行动起来吧。"但我从一大群七岁的孩子身上受到启迪并锤炼了自己的意志力,他们正在练习我们在课堂上排练过的内容——向同伴展现出自己的耐心、同理心和善良,我继续等待着。有时安德鲁需要几分钟才能开始,有时他会一头扎进去,但他从来没有放弃,每天都能坚持把午餐清点完。到10月中旬,安德鲁终于能够驾轻就熟地执行这项任务了，每天用一分钟完成午餐清点工作。

有几天，其他学生也来恳求我给他们机会当午餐计数员。我做不到。我知道这是一份安德鲁需要的工作，而且是他一整年都要做的工作。孩子们也理解了。

在学年结束的时候，我们都会让每个学生单独上台，简单地向家长汇报一下他在这一学年的经历和收获。演讲开始前，安德鲁的母亲把我拉到一边，告诉我安德鲁上台演讲令她感到非常担心。她提醒我一年前他被同学们欺负得有多惨，还担心安德鲁站在讲台上时孩子们会嘲笑他。我告诉她安德鲁一整年都站在同学们面前，并向她保证全班同学都会为他加油。

果然，安德鲁像其他学生一样自信地站在讲台上，用30秒讲述了他这一年的经历。他在同学们的欢呼雀跃声中离开了讲台，并笑容满面。我想说这是一个转变的时刻，但事实上，安德鲁的信心不是瞬间产生的。他的信心是依靠我们所有人整整一个学年的努力而建立起来的。我们每天通过短短的一分钟帮助这个有点腼腆、经常被欺凌的孩子成为我们这个小团体中非常受欢迎的一员。这个时间花得很值。

练习：尝试与孩子建立联结

在试图与孩子建立联结时，小事也会变成大事。你做了哪些小事来让孩子们感到被重视、被倾听和被理解？列一张清单，至少列出三个可以让你和与你生活在一起或你所服务的孩子建立友好关系的新策略。每次和孩子们交流时，都要坚持实施这些策略。

如果不投入时间来帮助孩子会发生什么

当孩子们感到自己与成年人的关系疏离时，孩子及其身边的人都会遇到很多麻烦。所有的青少年暴力行为几乎都与这一因素相关，其中许多暴力行为超出了本书的范围；而欺凌行为的产生与这一点更是脱不了干系。如果孩子没有与成年人建立紧密的心理联结会导致：

- 那些欺凌别人的孩子的行为得不到在其生活中扮演重要角色的成年人的干预；
- 受害儿童感到被孤立，得不到支持和干预；
- 目睹欺凌行为的孩子找不到可信赖的人，将他们看到的一切向其倾诉出来。

与成年人建立有意义的联结在预防和干预欺凌方面都发挥着重要作用。缺乏这种联结对孩子和成人都没有好处。

对于那些仍然担心没有办法抽出足够的时间与孩子相处的人而言，我认为他们是多虑了，孩子们会以各种各样的形式获得与成人共度时光的机会。孩子可以通过与成人展开持续的、积极的互动获得与成年人共处的时间，但也可以通过宣泄行为和危机情景达到同样的效果。最关键的问题是：你想怎样和孩子共度时光？积极主动地投入时间与孩子建立信任关系要比一段关系出现问题时才做出反应要容易得多（更不用说时间效率了）。

让孩子们能够敞开心扉地谈论欺凌行为

欺凌行为最可怕的影响之一是它会让受害者感到自己被群体所孤立和疏远。许多受欺凌的孩子都不愿谈论自己的经历，原因如下。

- 他们感到自我怀疑，怀疑导致他们受害的原因是否为自己的某种个人缺陷。谈论他们受欺凌的经历就等于公开暴露自己的不足。
- 他们感到羞辱和羞愧。同龄人对他们所说所做的事情已经够糟糕的了，谈论这些事对他们很可能是一种二次伤害。
- 他们害怕被同龄人贴上"告密者"的标签，这让本已糟糕的情况雪上加霜。

这些恐惧对孩子来说是非常真实的，因此向成年人吐露关于欺凌的事情是非常可怕的。让孩子感到安全是我们的责任。在本章中，我们将探讨成年人如何能够让孩子敞开心扉谈论欺凌行为。

更好地倾听孩子的心声

我刚开始做青少年心理治疗师的时候，只有23岁。虽然我的来访者并不比我小多少，但我和他们的父母之间存在着巨大的年龄差

第 2 章　与孩子建立联结

距。我对这种差距感到不适应,担心我的年轻会被自动地解读为无能。为了弥补这一点,我觉得我需要知道所有事情的答案。

如果要我说的话,这是一次勇敢的尝试。如果没有其他的事情,我会在深夜重读《精神障碍诊断与统计手册》(DSM)和我的研究生课本。在压力之下,我不得不尽我所能地去了解所有关于心理健康和心理干预的知识,然而我忽略了一个非常基本的原则:没有人比孩子本身更了解他自己的生活,我们要尊重这一事实。

对自己青春岁月的过度补偿心理驱使我在与孩子们接触的早期阶段讨论了很多问题。但是我的经验告诉我要安静、克制一点。

我意识到,倾听是成年人能够给予孩子的一份珍贵的礼物。被倾听和被理解的经历对任何人来说都是意义深远的,尤其是对那些听惯了成年人说教的孩子来说更是如此。何为良好的倾听?事实上,良好的倾听无外乎是要求听话者保持安静,只是还有一些更复杂一点的要求。良好的倾听包括以下因素。

- **全神贯注**。良好的倾听意味着将手机、电脑、个人议程和其他分散注意力的事务/事情暂时放在一边。
- **良好的眼神交流**。然而,这并不是要求孩子说话时要看着大人的眼睛。使用这种社交技巧时注意时间和场合。当孩子们在谈论痛苦的事情时,他们很难与成年人进行直接的眼神交流。此时,保持良好眼神交流的责任就落在了倾听者的身上。例如,我非常喜欢在开车的时候听车里的孩子向我倾诉,这时我的眼睛紧盯着路面。正是因为和孩子们挤在一辆车里时，我们可以避免面对面的紧张对话，孩子们才更愿意向成年人敞开心扉。

- **思想开明**。一些成年人认定他们已然知道孩子将要说什么，而另一些成年人则对他们谈话的走向持开放态度，这两种倾听方式所带来的效果截然不同。有效的倾听意味着尽你最大的努力来摆脱在你头脑中已经形成的结论对自身的束缚，并试图与孩子对于欺凌事件的看法、想法和感受保持同步。
- **开放式问题**。有些孩子会喋喋不休地谈论欺凌行为；另一些孩子则很难开启这个话题。好的倾听者可能会提出一些开放性的问题，这些问题会促使沉默寡言的孩子开始讲述自己的故事，或者帮助感到困惑的孩子从一个新的角度来思考问题。
- **支持和同理心**。孩子和别人谈论自己受欺凌经历需要很大的勇气。当一个孩子克服了各种障碍，如自我怀疑、羞辱感、羞耻感，以及对于被打上"告密者"标签的恐惧，告诉大人有关自己受欺凌的经历时，他很可能已经处在一个非常痛苦的境地了。一个好的倾听者要让孩子敢于向他人求助，并给予孩子足够的支持。一个具有同理心的成年人能够使孩子感觉终于有人能理解他的感受了；并让他知道从现在开始，他不会独自经受他所经历的一切。

倾听和解决问题是两回事

通常情况下，当一个孩子向大人倾诉有关欺凌的事情时，大人的第一反应就是解决问题。罗莎琳德·怀斯曼（Rosalind Wiseman）在其著作《女蜂王与跟屁虫》(*Qeen Bees and Wannabees*)中反对这种出于善意、但不恰当的反应。她建议成年人"什么都别做，就站在那里！"我们不能指望仅靠认真倾听就能一下子解决孩子的所有问题，而是要在倾听的过程中指导孩子思考改善现状所需要的步骤。有些孩子需要比其他孩子获得更多的关于建设性解决方案的指导，这与他们的年龄、智力和遇到的具体情况相关；但在他们得知成年人相信他们可以独立思考、有能力解决问题时，所有的孩子都将受益。

当孩子向你倾诉有关欺凌的经历时该如何回应

好了，最困难的部分结束了，你已经成功地与一个孩子建立了一种有意义的联结。通过这种联结，他已经能够克服恐惧并向你倾诉有关欺凌的情况。恭喜你！我是认真的，这是一个不小的"壮举"。现在，你对此有何回应？

对于许多成年人来说，找到合适的词语来回应孩子真的是一项挑战。我们发现自己刚听到这类事情的时候可能会有点恐慌，尤其是当情况特别触目惊心或已经持续了很长时间的时候。孩子的安全、我们自己的罪责、学校的法律责任，以及欺凌者的肆无忌惮都在我们的脑海里回转盘旋，我们感到非常沮丧、困惑、疲惫。在你回应一个遭受欺凌的孩子时，需要注意以下几点。

保持冷静

首先，当一个孩子大胆地和你谈论有关欺凌的情况时，请保持冷静，避免惊慌失措。她所描述的情况可能是平淡无奇的，也可能是非常骇人听闻的。但不管怎样，作为一个乐于助人的成年人，你所要做的是耐心倾听并做出反应，让孩子相信他所遇到的问题完全是可控的。当你们两个开始着手解决问题时，你在处理问题时是否从容不迫将在很大程度上影响孩子对你（以及这个问题）的态度。

表示同情

其次，向孩子表示同情是有帮助的。诸如"我为你的遭遇感到非常难过"这样简单的话，可以很好地向孩子发出这样的信号：你刚才描述的情况并不是成长过程中的正常遭遇，我对你一直受到残酷对待感到很难过。这种方法朴素、简单、坦诚且有效。

感谢孩子

再次，感谢孩子有勇气告诉你发生的事情。在孩子克服恐惧、尴尬和自我怀疑等负面情绪，鼓起勇气向你倾诉后，对孩子的勇气表示肯定是非常重要的。更重要的是，只有当孩子敢于说出自己的遭遇时，一个成年人才有机会帮助孩子做一些事情。因此，我们很有必要向孩子表达感激之情。一两句简短的话语可能就会达到很好的效果，例如，"一个孩子和一个成年人谈论欺凌需要很大的勇气，谢谢你足够信任我，能告诉我这件事"。

鼓励孩子依靠自己解决问题

当一个孩子向成年人倾诉了有关欺凌的情况后，在解决问题方面给予孩子一定的自主权是非常重要的，因为这有助于培养孩子的主人翁意识，使其能够对自己所遇到的问题和解决方案进行掌控，成人应该对孩子说一些鼓励的话，比如，"你不必自己经历这些，让我们共同努力，想出切合实际的应对策略。"但是，要让孩子带头提出具体的方案。

诚然，一些非常愤怒和沮丧的孩子提出的解决办法很可能听起来既不合理也不合法。而对于另一些习惯于让成人帮他们解决所有问题的孩子，要求他们提出解决方案可能会引起他们的不满。无论是哪种情况，成年人的工作都是持续为孩子提供帮助，不断倾听孩子的想法和感受，并始终向其保证，你们将共同努力提出建设性的解决方案。孩子在遭遇欺凌时所产生的无助感很大程度上会导致其产生挫败感。成年人需要通过倾听、支持、认可和思考解决方案，帮助孩子找回力量感和控制感。

后续跟进

最后，在讨论完欺凌问题后，对孩子的问题进行后续跟进是至关重要的。正如某一次攻击同伴的行为并不一定会被认定为欺凌行为一样，成年人和孩子之间的一次有益对话通常也不能解决所有问题。成年人应该确保在与孩子初次交谈之后对他们的情况进行持续关注，以确保孩子的身心健康没有受到影响；这也有助于为孩子持续提供帮助，讨论既定的策略如何发挥作用，重新校准无用的想法，并在总体上巩固已与孩子建立起来的联结。

如何帮助孩子建立安全感

另外，要想让孩子敞开心扉谈论欺凌事件，就需要帮助孩子建立安全感。如前所述，孩子们不愿向成年人透露欺凌事件的一个主要原因是，他们害怕被贴上告密者的标签，或被视为无法独立处理问题的弱者。事实上，创造一种让受害者感到不安全的氛围，令其不敢向成年人报告自己受欺凌经历，是欺凌者使用的一系列策略中的一部分，欺凌者有目的地使他们的欺凌目标感到被孤立和疏远。

建立一套安全的欺凌行为报告机制

建立一种令人充满安全感的氛围，让孩子们相信他们可以毫无顾虑地寻求帮助，是所有成年人的责任，也是制止欺凌行为的关键策略之一。在任何学校或青少年服务组织中，建立多种方式来收集有关欺凌的信息是很重要的。这些方法应该遵循匿名性和保密性的原则。孩子们需要感觉到，他们可以向成年人报告欺凌行为，并且不必担心受到报复，也不必担心"如果我告诉他们，事情只会变得更糟"。

对于促进青少年在安全的氛围下报告欺凌事件，相关科技手段起到了非常显著的作用。智能手机上的应用程序，可以让孩子、家长和专业人士在安全的氛围下讨论在学校和社区中发生的欺凌行为。可以建立相关服务热线，以便对欺凌行为进行报告。许多学校在整个学年都会定期对欺凌行为进行调查，以匿名的方式收集有关欺凌行为的信息。毫无疑问，欺凌者给受害者带来的恐惧是巨大的，即使孩子拥有最先进的技术手段，也会因为欺凌者对其进行生理和心理恐吓而不敢向成年人报告。但成年人越是能够

第 2 章　与孩子建立联结

创造出多重、安全、保密的报告机会，孩子们就越不会感到孤立无援。

倾诉与"滥告状"

就像指甲划过黑板的声音一样，告密对大多数成年人来说都会令人产生不悦的感觉。同样，对孩子们来说，告密者往往是受人嘲笑的对象。然而，孩子需要通过一种安全且可接受的方式来与成年人沟通，向他们报告欺凌行为。对成年人来说，在"滥告状"（一种专门让别人陷入麻烦的行为）和"倾诉"（一种保护某人安全的行为）之间划清界限是很有帮助的。你如何教导孩子分辨"滥告状"和"倾诉"之间的主要区别？你怎样才能让孩子明白，告诉成年人有关欺凌的事情并不是懦弱的表现，而是一种勇敢且有效的沟通方式？

练习：你如何让孩子们在安全的环境下谈论欺凌

在个人层面上，你如何能成为一个值得孩子信赖的人，让他们在向你倾诉有关欺凌的情况时没有后顾之忧？不妨与同事或朋友分享一些相关心得、策略，让孩子知道你是一个平易近人、值得信赖、能够保证他们安全的成年人，他们可以向你求助。

在组织层面上，你可以通过建立什么机制来保证孩子们在报告欺凌行为时其自身的安全不会受到威胁？你将如何处理你所收集到的关于欺凌者的信息？你将如何利用你所收集到的信息来告知孩子们：他们的身体和心理安全将会被优先考虑？

认真对待有关欺凌的报告

欺凌预防专家米凯莱·博尔巴（Michele Borba）博士在其 2009 年的研究中指出，49% 的孩子在上学期间受到过欺凌，但只有 32% 的家长相信他们。当孩子们鼓起勇气与成年人谈论欺凌时，我们要认真对待他们的倾诉，这一点至关重要。孩子们有时会把无礼或刻薄的行为与欺凌混为一谈吗？会的。我们是否应该无视那些我们看来有些夸大其词的论述？绝不。

当一个孩子大胆地举报欺凌行为时，一个负责人的成年人要做到如下几点。

1. **听孩子说**。让他感到自己的心声得到了倾听，自己的感受能够得到理解。这种经历本身就能让孩子和成年人之间建立联结。听他说出来，你没有什么损失，反而会有所收获。

2. **相信孩子**。记住，对孩子来说，感知就是现实。不被成年人相信的经历会令孩子感到心碎，并会妨碍他们在未来再一次寻求帮助。这对那些喜欢欺凌弱小的孩子来说很有好处。

3. **如果你听到的所谓"欺凌"行为其实应被归类为无礼或刻薄行为**，那你就可以借此机会让孩子了解这几种行为之间的主要区别。了解这方面的知识将帮助孩子在决定何时向成年人寻求帮助以及如何回应同龄人时做出正确的选择。此外，如果无礼和刻薄的行为得不到遏制，就可能真的会发展为欺凌行为。因此，如果你在早期就获得了这方面的信息，你应该抓住这个机会，在局面仍然可控的情况下及时进行干预。

第 2 章　与孩子建立联结

当孩子们知道他们生活中的成年人会认真对待他们所担心的事情时，他们会感到很安全，并能够及时寻求帮助。斯坦·戴维斯（Stan Davis）和沙里塞·尼克松（Charisse Nixon）在其 2010 年的研究中提出，成年人应该采取五个关键步骤，以向孩子们表明，他们关于欺凌的报告正在受到认真对待：

- 欢迎孩子向自己报告，将孩子的报告视为带来改变的机会；
- 尽一切可能避免欺凌事件再次发生；
- 询问受害者需要大人的哪种关心和帮助；
- 和受害者确认情况是否有所好转；
- 通过鼓励有爱心、富有同情心的孩子与受害的孩子相处，确保每个孩子都能感受到与同龄人的联结。

练习：考查一下自己是否认真对待了孩子关于欺凌的报告

你需要认真思考一下以下这些问题：

- 你将如何告知孩子他的报告已被接受和相信？你将如何保护受欺凌者的隐私？
- 你将如何保护孩子免受施凌者的报复？
- 你如何利用孩子的欺凌报告，并借机加强与他的联结？
- 如果你在学校或其他工作环境中为孩子服务，并收到有关欺凌事件的匿名报告，你将如何跟进？

对那些无视欺凌报告的成人做出回应

去年夏天,我收到一封来自一位母亲的电子邮件,她的孩子在一所学校上学,我计划在那里做一个预防欺凌的演讲。她毫不含糊地警告我,如果我要过来告诉孩子们"每次有人骂他们时,他们都要哭哭啼啼地去打小报告"是可以被接受的,那么我根本不必来。那是一封我没法一口气读完的电子邮件,但读到后来我就停不下来了,因为我必须确保我正确理解了她要向我传达的信息。

在几次重读和深呼吸之后,我给这位母亲写了回信。

亲爱的特蕾莎:

感谢您给我发来电子邮件,并与我分享您的担忧。我想和大家分享一下我是如何处理孩子欺凌问题的,希望会对大家有所帮助。任何一个有经验的预防欺凌工作者都应该认识到同龄人之间的冲突是不可避免的,有时孩子们会滥用他们的社会地位和权力。我的职责是培养孩子们处理冲突的能力,直到他们自己能很好地处理这种情况,这样他们就不会一遇到问题就去找成年人帮忙了。

另一方面,在孩子之间的谩骂、社交排斥、同伴孤立、言语骚扰和其他攻击行为的背后,存在着一些很不容易察觉的诱因。甚至在小学早期,孩子们就已经有可能向成年人隐瞒欺凌事件,而不是举报同龄人,因为他们非常害怕被贴上"爱哭鬼"的标签,并遭受进一步的嘲笑。当孩子们有能力与成年人沟通时,我们绝对有义务通过认真对待他们的报告这一简单的行为来认可他们的勇气。

就在同一天，我收到了那位家长的回信。她现在感到非常平静和满意，我也深有同感。我想有时我们只是需要被倾听和被认真对待。

认真对待父母的欺凌报告

值得注意的是，这些关于如何认真对待孩子欺凌报告的准则，同样也能在学校工作人员收到家长有关欺凌的报告时为其提供指导。对于大多数父母来说，这并不是一个太需要认真对待的问题，只有在他们认定问题确实存在以及做好准备与学校工作人员并肩工作时，他们才会寻求帮助，以结束欺凌行为。然而，也有其他一些家长过于热衷于求助学校工作人员。一旦发现他们的孩子有任何"异常表现"，他们就会打电话到学校办公室，要求立即与老师见面，并且在辅导员的语音信箱里塞满有关法律诉讼的威胁语音。

虽然这些没完没了的报告可能会让学校工作人员心烦意乱，但重要的是，任何成年人都要明白，在大多数情况下，孩子看护人的"疯狂举动"源于他们深深的恐惧。父母有保护孩子的天性，当他们的孩子痛苦时，他们也会痛苦。他们希望保护自己的孩子免受任何痛苦。当他们听到新闻记者把一个孩子的自杀与其被欺凌的历史联系起来时，他们的内心就会发出警报，因为他们会立刻把这种悲剧和孩子在学校里经历的冲突等同起来。

有时父母会反应过度。有时，当孩子遇到的只是一般的打闹或无礼的行为时，他们会将其认定为欺凌，就像第 1 章中的"扔树叶事件"。然而，有些时候，家长们会发现一些非常令人不安和危险的事情，而这些事情正是学校工作人员所关注的。无论如何，可以肯定的是，父母和孩子一样，倾听和理解都能使其受益。父母和孩子一样，应该知道他们的担忧正在被认真对待。成年人和孩子一样，关于什么是刻薄行为以及什么是欺凌行为的教育，也能使他们从中受益。简言之，看护人需要像孩子一样感受到自己与学校工作人员的联结，当这种联结得以实现时，成年人会把自己放在一个比较恰当的位置上，与孩子和学校工作人员共同努力，让孩子能在与同伴相处时摆脱困境。

在第8章中，我概述了当学校工作人员轻视父母关于欺凌的报告时，家长可以使用的具体策略。

10项与孩子建立联结的实用策略

1. 当孩子们进入你的房间时，请把你手头的事放在一边，面带微笑地问候他们。
2. 在课堂上，留出时间和孩子们一起检查他们的情绪健康状况。有了安全感，孩子们才能潜心学习。
3. 让孩子们觉得你对他们很好。
4. 通过聆听孩子们的故事，来了解他们受欺凌的经历。
5. 当一个孩子和你谈论欺凌时，要相信他。
6. 要让每个学生和他知道可以与之谈论欺凌问题的成人（至少一位）建立联结。
7. 和一小群孩子一起吃午饭，表现出你关心他们的日常生活。
8. 用一分钟的时间观察一下你身边最脆弱的那些孩子，看看他们在任何一天之内的表现如何。
9. 如果你目睹了欺凌行为,在事件发生后尽快与孩子进行私下跟进。
10. 建立多重关于欺凌行为的安全保障和保密机制,让学生向值得信赖的成年人报告欺凌事件。

第 3 章
及时阻止欺凌行为

8 Keys
to End Bullying
Strategies for Parents &
Schools

第 3 章　及时阻止欺凌行为

首先，在这一章的开头，我们必须声明，为了使成年人有效地制止欺凌行为，我们需要先在这一问题上达成一些共识。如果老师认为到处都在发生欺凌行为，但校长不这么认为，无论是在哪里发生的欺凌行为他都不能识别出来，问题就出现了。同样，如果心理医生担心他的来访者受到了同龄人的伤害，但孩子的父母认为这个问题不值得干预，我们就会停滞不前。无论是哪种情况，孩子都会遭遇困境。因此，确立一种一致的、全方位的方法来解决欺凌问题是进行有效干预的第一步。

确立一致的方法应对欺凌——反欺凌立法

1999 年，美国只有一个州（佐治亚州）有反欺凌法。目前，有 49 个州颁布了反欺凌法，这就是进步。地方社区、学校和组织越来越多地从州政府那里获得了处理欺凌行为的法律依据。

州一级的反欺凌立法为社区、学校和社会组织制定具体政策奠定了基础，这些政策明确界定了哪些行为是不可接受的、哪些行为是可取的，并阐明了纪律处分程序。或许更为重要的是，立法部门的这种举措已经向人们揭示了欺凌行为其实有各种各样的表现形式。尽管辨别欺凌行为的"黄金标准"曾经仅限于身体暴力，但成年人现在肯定知道，网络欺凌和关系攻击可能同样会对孩子造成痛苦，甚至更具破坏性。

各州就欺凌行为达成法律上的共识并非易事，但值得庆祝的是，现在美国几乎每个地方的成年人都已经达成共识，为实现一个共同的目标而努力：迅速识别欺凌行为并做出反应。

在反欺凌事业中，例如为反欺凌倡议活动提供资金，州政府和地方政府是否还有很长的路要走？反欺凌倡导者在制定法律和提出倡议方面取得了重大进展；但教育工作者、临床医生、青少年工作者和家长遇到的主要问题是难以获得培训，以及杰出预防欺凌项目的实施所需的资金。

> **练习：思考一下如何使你的反欺凌策略与州一级的法律相匹配**

如果你还没有机会这么做，研究一下你所在的州关于欺凌的法律。想一想你所在的州在定义欺凌、概述反欺凌程序、提出惩戒建议和资助预防计划方面都做了哪些努力？

看看你所在的州是如何通过立法对学校、组织或社区进行管理的。你所在的州是否有一套与欺凌有关的书面政策和程序？如何对员工进行这方面的培训？你觉得这种训练是否足够、有帮助，并符合实际？

周密的政策和程序可以极大地帮助我们建立一个能够处理问题

的一致框架。而计划不周的工作可能会导致一些麻烦，而且可能会让我们忽略这样一个事实：当与其他人（尤其是未成年人）一起协作时，很难有一种放之四海而皆准的行动模式。你认为州一级和地方的反欺凌法各有什么优势？你认为哪里还有改进的余地？你能做些什么来让州一级的政策与你所在地区的具体情况和孩子们所遇到的日常问题相适应？

下面我们把视角转到一些微观的层面，探究欺凌行为通常会发生在哪里，有哪些具体的预防与干预手段。

欺凌发生在哪里

美国国家学习障碍中心 2013 年的报告表明，每发生 25 起欺凌事件，学校工作人员才能对其中的一起欺凌事件进行关注或干预。

你不禁要问："这怎么可能？"恐怕真实的情况会比这还要糟糕得多。虽然大多数教师都非常关注课堂上发生的事情，但学校里高达 75% 的欺凌事件都发生在诸如餐厅、更衣室、操场、浴室、走廊、公共汽车等公共场所；此外，最容易滋生欺凌行为的场所或许是互联网。所以当学校工作人员告诉忧心忡忡的家长他们并未意识到教室里发生的欺凌事件时，实际上他们也没有撒谎。

但这也并不是说在老师的眼皮底下就不会发生欺凌行为。虽然身体上的欺凌通常很容易被观察到，言语上的欺凌也很容易被听到，关系攻击却难以察觉。关系攻击的特点是，既没有任何说出来的话，也没有任何招惹他人的举动，它无声无息、"伤于无形"。关系攻击欺凌是一种"不作为犯罪",即使是最精明的成年人也很难察觉或意识到它的发生。只有与学生个体建立有意义的联结,学校工作人员才会察觉到反复出现的、有计划的散布谣言和排斥事件。只有真正倾听孩子的想法,家长才能理解孩子在被嘲笑和排斥时所感受到的痛苦。

增加成年人在场的频率

因为大多数欺凌行为都发生在教室之外,所以预防校园欺凌的一个关键要素是,在公共场所内增加细心的成年人在场的频率。这并不是说要雇用更多的员工,像"老大哥"①一样,时刻盯着孩子,这样的做法成本太高,而且通常效果也不是很好;相反,学校和欺凌干预组织可以采取以下措施:

- 课间休息时,安排观察力敏锐的老师在走廊上巡视;
- 课间休息时,在操场上安排机警的学生协助老师观察情况;
- 指派一两个机敏的学生在校车上做监督员,以便在上学和放学的路上观察学生的动向;
- 在午餐时间指派有经验的服务人员与学生在餐厅交流。

在第 2 章的结尾,我将"与一小群孩子共进午餐,表现出你关

---

① 源自英国作家乔治·奥威尔(George Orwell)的著名小说《1984》中的"老大哥"(Big Brother)形象。在小说中,"老大哥"对社会中的每个成员进行全方位的监控,不论你说了什么、做了什么,"老大哥"都会知道,甚至连你在想什么也能了如指掌。书中有一句最著名的话是"老大哥在看着你"(Big Brother is watching you)。——译者注

心他们的日常生活"作为 10 项与孩子建立联结的实用策略之一。那些帮助成年人与孩子建立联结的干预措施同样也能帮助成年人及时制止欺凌行为。当成年人出现在自助餐厅时,不仅仅要做出像捡起孩子掉落的餐巾之类暖心的行为,还要和学生们打成一片,这样学生间发生欺凌的机会就会减少。

事实上,上面列出的任何措施都是有效的,因为它们有助于加强成人与孩子的联系,也由此减少了欺凌者的"作案"机会。成年人在公共场所现身的频率的增加让处于弱势的孩子知道,无论他们在哪里,成年人都在积极地保护他们的安全。此外,就投入的资源而言,人们在运用这些干预措施时充分利用了现有的人力资源,而不仅仅是增加了一个用于申请经费的项目。

练习:成年人应该在哪里

诚然,成年人不可能无处不在,也不可能永远出现在孩子的生活中。具体来说,他们出现在学校、组织或社区中的哪些地方能有效降低欺凌行为的发生率?请列出三五个首选地点,与你的团队成员分享,你们将一起努力减少欺凌发生的机会。

如果你在学校或教育机构工作,不妨制订一个计划,至少做出一项改变,使成年人在高风险场所中能够有效地进行反欺凌干预。例如,在课间,老师们会站在走廊上或走到学生身边与他们互动,检查易成为攻击对象的孩子是否被欺凌,让细心、警觉的成年人时常出现在学校的公共区域。

欺凌的高风险场所通常包括以下地点:

- 学校走廊；
- 更衣室；
- 浴室；
- 休息室；
- 公共汽车上。

营造积极的校园氛围

因为孩子通常每周有 5 天（每天花费 7~10 个小时）往返于学校和住所之间或者待在校园中，下面我们主要关注的是学校中的教职员工如何有效地干预、阻止欺凌的发生。请注意，这里所描述的策略广泛适用于心理治疗场所、小团体环境，甚至家庭生活之中。

要想制止学校里的欺凌行为，首先要创造一种对欺凌零容忍的校园文化[①]。积极的校园文化的特点是，成年人采取具体行动，鼓励孩子学会宽容、尊重多样性、促进合作、与孩子建立联结，并鼓励教职员工和学生之间展开坦诚的沟通、交流。

积极的校园文化需要在校长的正确领导下来创建，并且需要行政和教学人员的贯彻执行来维护。为了保证欺凌预防措施的有效性，成年人必须认真对待这些预防措施，而不仅仅是在返校前夜在口头上做一些不痛不痒的宣传教育，也不仅仅是让学生在反欺凌承

---

① 这与建议学校制定严苛的、"零容忍"的惩戒措施不可混淆；相反，在第 7 章中，我谈到了为什么"零容忍"的惩戒措施实际上会使欺凌问题恶化。

第 3 章　及时阻止欺凌行为

诺书上签字,培养积极的校园文化远远不像在校园内悬挂"终结欺凌"的海报那么简单。然而,一旦形成了积极的校园文化,其产生的影响比任何一场在学校举行的反欺凌讲座都要持久得多——无论演讲者有多么活跃、多么投入。学校一级的有效干预措施需要融入教职员工和学生的日常活动中,内化于每个人的思考、感觉和互动过程中。

我知道,当我说这些的时候,会让人感觉我像是在盼着天上掉馅饼。但事实是,这种学校氛围的确是可以被创造出来的,而且这种良好的风气各地的学校里都很盛行。在学校层面,教职员工可以通过以下策略营造一种与人为善、对欺凌零容忍的校园氛围。

- 将预防欺凌作为学校工作的核心内容之一。学校要为孩子提供积极的行为干预和支持,使孩子的行为符合社会期望,如"尊重他人",并将其作为学校工作的主要目标之一;同时,还要让教职员工帮助孩子不断加强这些符合社会期望的行为。
- 学校领导层要采取具体的干预措施来制止欺凌行为。例如,面向所有学生推广社会情绪能力学习(SEL)课程,该课程已经被证明可以减少高达 50% 的欺凌(我在第 5 章对社会情绪能力学习进行详细的介绍)。
- 让孩子们能够互相支持,教导并鼓励孩子养成良性的旁观者行为(我将在第 6 章深入介绍教导孩子养成良性的旁观者行为的具体策略)。
- 让孩子知晓在学生群体中的威信应该更多地依靠他人对自己的喜爱来建立,而不是凭借他人对自己的恐惧而建立。
- 建立伙伴帮扶制度。高年级的学生要注意保护低年级的学生,社会地位高的孩子要与容易受伤害的孩子结成帮扶小组。
- 保持教职工和学生之间的沟通渠道畅通。对于一个孩子来说，报告欺凌行为不应该是一个可怕的、吓人的过程，而应该是他与熟悉的老师、辅导员和管理人员进行常规对话的过程。
- 成年人应该有意地将一群孩子分离、聚合成若干个小团体来鼓励小孩子建立多样的、动态的友谊小组。
- 赞美差异，尊重多样性。
- 尽早处理欺凌问题，认真对待报告，在问题升级并变得更难以管理之前着手解决问题。
- 一方面，一所学校不仅应该教授学生学会宽容，还应该倡导学生接纳他人；另一方面，学校绝不能容忍任何形式的欺凌。

如何营造积极的课堂气氛

教师在制止校园欺凌中起到关键作用。作为孩子思想的塑造者，教师也是孩子同伴关系的"雕刻家"。罗德金（Rodkin）和霍奇斯（Hodges）在2003年的研究表明，当老师对他们的学生表现出热情和关心时，学生受到同龄人排斥的概率就会相应减少。这对教师来说是一个真正的"树榜样"的机会。

让友善成为课堂规范

在制止欺凌方面最得力的教师通常是那些致力于创造良好课堂气氛的教师。在这种文化中，人们珍视善良、摒弃冷酷，一个人在群体中的受欢迎程度并不取决于他是否具有主导社交互动的能力，而取决于他是否有意愿对那些陷入困境的人伸出援手。

回想一下第 2 章中那个极度腼腆的、易受欺负的学生安德鲁的例子。他的老师指出，她自己必须做出选择：要么责怪安德鲁拒绝在课堂上发言，要么帮助他克服自己沉默寡言的"缺点"。她动员班里的学生每天花一分钟来协助安德鲁完成一项关于午餐计数的任务，这为打造一个具有温情的班集体奠定了基础。对于安德鲁来说，这个活动让他摆脱了被同龄人反复拒绝、排斥的困境，使他获得了真正的友谊和同学们真心的支持。最终，他不再沉默，学会了如何为自己发声。对于班里其他 20 名同学来说，这次活动让他们学会了一个道理：与他人相处时要有同情心和耐心，并将其内化为自己日常生活中的一部分，这种行为模式就应该像吃午饭和阅读一样，是一种自然而然的事情。

除此之外，教师如何才能营造出一个友爱互助的校园环境，将欺凌行为扼杀在萌芽中呢？教师通常可以采取以下策略：

- 召开课堂会议、展开课堂活动和讨论，深化学生对"冷酷"的理解；
- 制定团体规则和课堂规范，让学生明白残忍的行为是要付出代价的；
- 将社会情绪能力学习纳入日常课程中，这样就能培养学生的同情心和同理心，就有机会让他们经常练习如何制止欺凌行为；
- 让学生明白，在班级里团队合作胜过竞争互动。

相关的策略不胜枚举,但有一点值得注意,有能力的教师能够将预防欺凌的策略润物细无声地融入他们的课堂文化中,很少通过专门的讲座或小组讨论来关注欺凌问题。这些教师主张通过自己的言传身教影响孩子,让善良的种子在孩子的心中慢慢发芽。

关注易受欺凌的孩子

致力于创造积极课堂文化的教师通常会去特别关注那些易遭同伴拒绝和排斥的学生。举个例子:去年,一位母亲火急火燎地来找我诉说,她的女儿是一名不善于社交却非常渴望取悦他人的中学生,名叫凯蒂。她担心女儿老师的行为使她的女儿在学校受到的排斥加剧。她向我汇报了一件事情。凯蒂的老师让班里的学生们分成几个小组去完成一项任务。没有人愿意邀请凯蒂加入他们的小组。不管凯蒂请求加入哪个小组,她的同学都会告诉她:"不行,我们已经满员了。"当凯蒂让老师帮她找一个小组时,老师带着凯蒂走到一群受欢迎的女孩面前,抱歉地说:"对不起,孩子们,凯蒂必须在你们组。"一名学生翻了个白眼,老师让她放心,并把手放在女孩的肩上说:"没事的,就这一个星期。"

母亲很生气,觉得她的女儿被羞辱了。然而,这绝不是我第一次听到这样的故事:一位成年人对欺凌他人的孩子采取"绥靖政策",任由同伴间的排斥行为肆无忌惮地蔓延。

有能力的老师不会迎合受欢迎的学生所建立的"等级制度",也不会赞同那种认为与"笨手笨脚"的同学合作会给自己带来"不便"的想法。那些能够成功阻止欺凌的老师,是那些通过独特、有效的方式把同学们凝聚起来，一起帮助弱势同学的老师。例如，老师可以在照集体照的时候，让同学们集体欢呼，让有孤独症的同学露出笑颜；建立一个伙伴帮扶制度，将一名善于社交的学生和一名不善于社交的学生配对，结成互助小组；并介入孩子吃午餐时的座位安排，以保证每个孩子至少有一个关系比较好的伙伴能够陪他坐在一起。就如何关注、满足"高危"学生的需求，上述方法往往是最省时、最高效的。

使用短句

回想一下，在你小时候成年人对你说过的哪些话（不管是好的还是坏的）总是萦绕在你的脑海里。在继续阅读之前，思考一下这些话所传递的信息对你的生活、思维方式和行动都产生了什么样的影响。

成年人传递给孩子的信息会内化为孩子内心世界的一部分。在理想的情况下，孩子从成年人那里接收到了积极的信息，这些信息对于孩子自尊的建立、思维的塑造有很大的益处。我认识的一位特别有能力的老师告诉我，她致力于用具体的、令人印象深刻的、有意义的短句，和她的所有学生一起营造积极的心态和乐观的课堂气氛。实际上，她每天都会使用特定的短句，例如：

- 生活是美好的（Life is great）；
- 不如意事常八九（Crayons will break）；
- 我能做到（I can do it）；
- 要与人为善（Be known for being kind）；
- 把每个人都放在心上（Keep everyone in the heart）。

她的学生经常在作业本和试卷上把一长串字母"LIGCWBICDI"[①]串在一起。对不了解情况的旁观者来说，这些字母看起来毫无意义，但对这个老师的学生们来说，这些字母所传递的信息已经深深地植入他们的内心深处：生活是美好的，不如意事常八九，我能做到。

上述短句中的最后一句话和预防欺凌直接相关。她曾经告诉学生，他们的班集体就像一个大心脏。其中一个孩子大声说："是的！我们都在里面！"从那一刻开始，"把每个人都放在心上"（Keep everyone in the heart）就被添加到了他们的班级语录中。每当有同学开始做一些伤害别人的事或说一些伤害别人的话时，同学们嘴里就会蹦出这句话，对别人进行善意的提醒。

这类短句在孩子心中的内化比事后的说教更有效，也比愤怒时对孩子做出的警告更有影响力，积极的短句在预防欺凌行为方面发挥着正面的作用。如果老师持续使用积极的短句，它们就会成为孩子们内部对话的常用语，并对孩子们如何看待自己与世界的联结产生影响。这些短句可以成为成年人日常预防欺凌的重要手段。想一想：你想在孩子的内心植入什么样的信息、观念？

现场干预

不久前，一位老师向我透露，他对学校提供的防欺凌培训非常有信心，认为这种培训能够帮助老师有效地识别欺凌行为。但当他

[①] 此英文缩略词由上述前三个短句的英文首字母组成。——译者注

面对孩子之间的欺凌情况时，总是发现自己不知所措。"我不知道该说什么才能让欺凌停止。"他坦白道。

这位老师遇到的问题很普遍。许多成年人在目睹欺凌事件时，都在努力传达给孩子正确的信息。好消息是，就像上面提到的短句一样，能够在现场制止欺凌行为最有效的话语往往是最简洁的。事实上，在大多数情况下，警示的语句越简短越好。下面的每一句话说出来用时都不会超过15秒。

- 跟同学那样说话是不对的，明白了吗？
- 在短信里那样说你的同学是不可接受的，这种事绝对不能再发生了。
- 把某个同学排斥在小组之外是不行的，我们一起来解决这个问题。

这些话语会带来以下好处：

- 欺凌他人的话语无法再羞辱或疏远任何人；
- 让每个人都知道老师的观察力很敏锐，了解班级里的动态，不害怕介入学生们的争端；
- 向所有的学生发出了一个强烈的信号，即欺凌行为是不能被容忍的；
- 向被欺凌的孩子保证，他在学校里自身安全能够得到保障，老师是值得信赖的。

这些简单的话语还有一个明显的优势：在制止学生即将做出的

各种"越线"行为时,能立刻让自己和学生的注意力直接转回到课堂上。

练习:面对欺凌事件,你会怎样回应

下面的每一个案例都是由老师们报告的真实事件。阅读下列每一个案例,并对相关学生做出简短的回应(虽然对于以下任何场景,都不存在绝对正确的回复,但在练习结束时,我会为每个场景提供一个参考回复,谨供参考)。

> **情景**
>
> - 你无意中听到一群孩子正在取笑一个学生在笔记本上画的画:他们一起笑着,不断抛出一些贬损他人的语句,比如,"真是太 gay(同性恋)了!""多么 gay(同性恋)的一张画啊!"
> - 你发现有一小群孩子用手机在班里散布一张女学生的腹部照片,他们边看边笑。照片上写着:"你觉得林赛的肚子能塞进多少面包卷?"
> - 你发现一群孩子在学校里通过传递问卷来向同学们调查这样一个问题:你觉得谁最有可能在 40 岁的时候还是处女?当被问及此事时,学生们则说:"我们只是在开玩笑,没什么大不了的。"
> - 你无意中听到一小群孩子在吃午餐时对一个学生说:"你不能和我们坐在一起。"
> - 有人告诉你,Facebook 上有关于你的一个学生的虚假页面。这个页面是由你们班的三个学生创建的,上面配有淫秽的照片和下流的语句,旨在羞辱页面上的学生。

可能的反应

- "用这些话来贬低别人是不可接受的,明白了吗?"
- "散布这种侮辱同学的照片是不可接受的,把它删掉,好吗?"
- "开玩笑可以,但这并不好笑。问一些故意让别人难堪或感到被羞辱的问题是不可接受的。立马丢掉这个问卷,再也不要进行这样的调查了。"
- "孤立别的同学是不对的,我们一起来解决这个问题。"
- "据我所知,你们创建了一个伪造的 Facebook 页面。我想你们应该知道这是违法的,会受到法律的惩罚。我希望你们立马撤下这个网页。"

对许多教育工作者来说,简短的、现场的干预比长时间的、打乱日程的、讲座式的干预更有效。尽管成年人已经做了一些干预工作,一些人还是担心孩子们会在以后的日子里找到其他欺凌同龄人的方法。他们的担心是对的,欺凌很有可能再次发生。

事实上,对于成年人来说,那种认为一次干预就足以从根本上永久改变孩子行为模式的想法是非常幼稚的。在孩子的成长过程中,他们会很自然地对周围的社会环境进行探索,不断检验自己的行为是否符合社会规范。他们会主动地试探成年人的底线在哪里、努力获得同龄人的认可,并对自己的价值观进行延展。对欺凌行为进行一次性、短暂的干预并不能永久性地阻止孩子的欺凌行为;但是通过不懈的努力,持续营造一种友善的、对欺凌行为零容忍的课堂、校园气氛却可以阻止欺凌行为死灰复燃。因此,通过稳步、持续培养孩子善念的方式，你就可以创造一种积极的课堂气氛。

一个对欺凌行为进行现场干预的真实案例

这是一个真实的案例。两个六年级的女孩趁老师不在的时候搞破坏，我们且看老师在回来后将如何对她们的恶劣行为进行处理。

塔利亚12岁。在一个周五的下午，塔利亚放学回家时很沮丧。她向母亲吐露，她班上有两个女孩在学校弄出了一份名单。这份名单上包括三类截然不同的女孩：她们喜欢的女孩、她们不喜欢也不讨厌的女孩以及她们讨厌的女孩。虽然塔利亚没有说明她具体被归为哪一类女孩，但她知道这个名单伤害了其他人，并为此感到心烦意乱。

塔利亚的母亲不知道如何处理这种情况。

由于她无法确定自己的女儿是否因为这份名单受到了伤害，她也不确定这份名单带给孩子的伤害是否上升到了欺凌的程度，所以她不确定自己是否应该对此采取任何措施。于是她向我征求意见。

借用"奥维斯校园欺凌预防计划"中的策略，我的第一个建议是："如果认为这是刻薄行为，那就进行干预。"如果对于名单没有更深入的了解（名单的用处、有多少孩子已经看到了这份名单，等等），就不能确定这究竟属于刻薄行为还是欺凌行为。但是，不管是哪种情况，很显然这两种行为都无法促进积极的课堂气氛与同伴关系的产生，需要被制止，否则就会对孩子造成广泛且持久的损害。

第 3 章　及时阻止欺凌行为

因为老师那天不在学校,所以她唯一能做的就是让学生知道她已经知晓了这份名单的事情。因此,我给塔利亚母亲的第二条建议是,一定要尽快通知老师,以便给她干预的机会。塔利亚的妈妈当天给老师发了一封电子邮件。在第二周周一的上午,她收到了老师的回信,老师感谢塔利亚的妈妈对自己的提醒,并承诺会跟进这件事情。

周一早上刚做完体操,老师就让班上所有的学生都安顿下来开班会。她告诉同学们她想出了一个很有趣的游戏。

"我要把你们分类,"她解释说,"类别包括我喜欢的学生、我不喜欢也不讨厌的学生以及我讨厌的学生。"

然后她停下来,环顾四周。大多数学生看起来很震惊。他们中的一些人脸红了(包括炮制出那份名单的两个女孩)。老师问学生们:"为什么这个游戏不好呢?"老师花了整整10分钟,为孩子们提供了很多答案。她语气非常坚定,告诉他们为什么大家都不应该玩这种"游戏"。

老师还花时间向孩子们介绍典型的欺凌行为包括哪些,如打人、骂人、网络欺凌;然后解释说,其他一些行为也可能升级为欺凌行为,如散布谣言、背后中伤、排斥同学,当然,还有这种"名单游戏"。她还强调,在特定的欺凌情景下,有些孩子会不自觉地被卷入其中;那些孩子一开始可能并不认为自己在参与欺凌,只是觉得自己在单纯地找乐子。她明确地警告孩子们:"任何欺凌他人的行为只要一开始,就会给别人造成伤害,必须马上停止。"

最后,她告诉他们,这种"游戏"并不一定就会被认定为一种欺凌行为,但可能会演化为一个更广泛、更具伤害性的问题。她要求学生销毁名单，并告诉他们，如果从今以后再让她看到类似的东西，那问题就严重了，老师就要与他们的父母和校长约谈了。

老师做的最后一件事是很关键的：她告诉孩子们，虽然当你知道有些事情不对劲的时候要大声说出来并不总是那么容易，但这是最正确的做法。这也向塔利亚传递了这样一种信息：将这件事告知母亲是一种非常勇敢和正义的行为，并且她身边的成年人（她的母亲和老师）是值得信任的，他们能够确保具有伤害性的行为会被当场制止。

在反欺凌事业中发挥重要作用的成年人通常有敏锐的洞察力，能够引导孩子们善待他人，营造积极的同辈文化，树立正确的榜样。他们会主动保护那些易受欺凌的孩子，无论何时看到欺凌行为，他们都不怕直接面对。教育工作者、心理医生和家长每天都在从预防欺凌这方面入手，积极改善孩子的生活；因为事实证明，在预防校园欺凌上花一点时间，可以大大节省我们在解决同伴冲突、同伴排斥、学业困难和同伴侵害等问题时所花费的时间。

10项及时制止欺凌行为的实用策略

1. 学校要正式起草一份关于制止欺凌的政策规定，让全校师生对欺凌的定义以及处理方法有一个清晰的共识。
2. 让一部分教职员工和学生加入反欺凌委员会，制定学校的反欺凌政策，通过小组讨论向学生传播这一政策。
3. 按照欺凌行为的程度，制定欺凌惩戒制度，但要避免采取严苛的、"零容忍"的惩戒措施。

4. 与家长建立伙伴关系，让家长了解学校有关欺凌的政策和规定。

5. 增加成年人在公共场所（咖啡厅、走廊、更衣室、休息室和公共汽车）出现的频率。

6. 和学生一起吃午饭，指派一个或多个教职员工在几个易发生欺凌行为的餐桌附近巡视。

7. 在与孩子的交往中要表现得和蔼可亲。

8. 将预防欺凌的活动融入孩子的日常生活，具体措施包括：召开班会、建立伙伴帮扶制度、介入午餐时间的座位安排等。

9. 通过独特、有效的方式把同学们凝聚起来，一起帮助弱势同学。

10. 使用简短、直接的句子来阻止欺凌行为的发生，让你的教室成为孩子们免受欺凌的避风港（让欺凌者心有忌惮，不敢肆意妄为）。

第 4 章
直面网络欺凌

8 Keys
to End Bullying
Strategies for Parents &
Schools

第 4 章　直面网络欺凌

在 21 世纪，孩子们每天 24 小时都和彼此联系在一起，这是一个不争的事实。在 30 多年前，如果孩子在学校里受到欺负、奚落，他们在家待上几个小时之后就能暂时得到缓解。如今，孩子们通过短信、即时通信软件和社交媒体网站来保持联系。但可悲的是，欺凌行为并未因为网络通信技术的蓬勃发展而停止，反而愈演愈烈。

近年来，成年人犯了一个巨大的错误，他们选择不对运用网络科技手段展开的欺凌行为进行干预。为什么人们对网络欺凌普遍采取这种态度？学校方面回应说："这不是在上课时间发生的，所以不是我们的问题，我们也无能为力。"当地的执法部门也对此类事件置之不理，除非有明显的犯罪或严重的安全威胁事件发生。家长对此表示失望，他们在孩子的网络世界里通常都是数字移民[①]（digital immigrants），他们认为自己缺乏现代网络技术，无法深入了解孩子们在网上做的事情。成年人全面推卸责任的做法无疑会让欺

[①] 数字移民指，因为出生较早，在面对数字科技、数字文化时，必须经历并不顺畅且较为艰难的学习过程的人。——译者注

凌者有恃无恐，认为自己可以通过网络科技手段主导同辈文化、完全掌握局面，而且不受任何成年人的干预。

最重要的是，教育工作者、心理医生、未成年人护理专业人员和家长要共同行动起来，直面网络欺凌，承认网络欺凌会对孩子产生深刻的影响，并制定一些标准来约束孩子在网络上的行为。在本章中，我们会首先研究网络欺凌在未成年人群体中发生的概率，然后总结出一些适用于成人和孩子的、明晰的网络安全策略。

是什么让网络欺凌如此猖獗

辛杜佳和帕钦等人将网络欺凌定义为"某人反复通过电子邮件和讯息取笑别人，或者把他不喜欢的人的个人信息发布在网上"。基于这一定义，他们对年龄在 11~18 岁之间的未成年人进行调查。研究表明，大约 20% 的未成年人是网络欺凌的受害者，而其中大约 10% 的未成年人既是网络欺凌的受害者也是施害者。

从数字上来看，情况似乎并没有那么严重，但真的是这样吗？事实上，当我们在搜索引擎上输入关键字"网络欺凌统计"时，会发现更多令人震惊的数字（也许是由一些不够严谨的研究人员统计的）。平心而论，网络欺凌的可怕之处并不在于施害者和受害者人数众多，而在于单个欺凌事件可能会对受害者造成的深远影响。

网络欺凌的"传染性"、破坏性极强

网络欺凌经常与其他"传统"的欺凌行为同时发生，但它不同

第 4 章　直面网络欺凌

于身体、语言和关系的欺凌,而是通过下面这些主要的方式对其他人造成伤害。

1. 网络欺凌通常是以匿名的形式发生的,因为施害者会通过电脑和手机在幕后进行操作,而不是面对面地展开欺凌。孩子们认为这样自己就不会被发现,从而躲避惩罚。

2. 对许多孩子来说,匿名也是一张"免死金牌"。当孩子们发现他们不用为自己的恶行负责时,他们很容易变得更加残忍。

3. 网络欺凌所引发的后果会像病毒一样迅速蔓延。传统的欺凌事件通常是在施害者和受害者之间发生的一对一的冲突,目击者可能就在旁边。传统欺凌事件的目击者,通常仅限于那些碰巧在走廊上目睹欺凌事件或无意中在电话里听到欺凌事件发生的人。然而在网络欺凌中,潜在的受众人群规模是巨大的。科技的发展使网络上的所有人都能对一个帖子进行转发、分享和"点赞",这样受害者所受到的伤害就不仅仅是被几个同学嘲笑,他可能会在整个学校、社区甚至全世界范围内受到羞辱。施害者只需敲击键盘就能立即给受害者造成无法想象的伤害。

4. "互联网上发生的一切都将保留在互联网上"。传统的欺凌仅仅是一起突发事件,发生之后就结束了。毫无疑问,传统的欺凌带来的痛苦会持续一段时间,但是这一事件最终会有一个了结。然而,当一个孩子成为网络欺凌的受害者时,他受到的伤害将会无休无止,比如照片、视频和已经被传播出去的信息。更重要的是,这些帖子会永远被保留在互联网上。即使施害者已为他的网络欺凌行为道歉并删除了原始的帖子,但这个事件所造成的影响依旧存在,甚至还会持续发酵，因为它已经被共享，其他人可以从任何其他网站转发。

5. 网络欺凌没有时空的限制。身体上的欺凌只有在两个人同时处于同一个地点才会发生；至于网络欺凌，无论你身处何地，随时都可能会受到伤害。一个孩子可能明明与家人安全地待在一起，但仍然会在网络上受到同龄人的欺凌。

是网络科技手段诱发了欺凌行为吗

毫无疑问，欺凌现象已经存在很长时间了，它比互联网存在的时间长得多，孩子间的欺凌行为可追溯的时间要远远早于智能手机出现的时间。贝兹伦指出，孩子们通过通信科技手段对别人进行欺凌只是面对面欺凌行为的一种延伸，并不是一种全新的或完全不同类型的行为。基于上述所有原因，科技手段的发展似乎加剧了孩子间的欺凌。但是我们大可放心，欺凌行为并不是科技本身造成的。

这对专业人士和父母来说确实是个好消息，因为它提醒我们，网络欺凌不是只有当代人才能理解和处理的行为；相反，任何一个成年人都可以帮助孩子们处理这类问题。成年人需要集中精力、协调一致、统筹规划，共同帮助孩子应对这一威胁。

练习：思考一下，当今的欺凌行为有什么新变化

可以肯定的是，如今的孩子有大量的机会接触各类科技产品，有丰富的渠道与他人进行实时、持续的互联，这无疑为我们的反欺凌事业带来了新的挑战。请对以下问题展开思考：

- 科技的发展给当今的孩子带来了哪些具体的挑战？

- 这些挑战与你自己在成长过程中面临的挑战有何相似之处？
- 这两种挑战在哪些方面是完全不同的？
- 你如何帮助孩子在一个持续互联的世界中克服各种挑战？
- 孩子们正在使用的最时髦的社交媒体网站、应用程序有哪些？
- 你如何能熟练使用这些新兴的媒体平台，进而和孩子们展开谈论，并在必要时进行有效的干预？

孩子们应该从什么时候开始接受网络安全教育

如果你是一名小学老师，是不是在孩子步入高年级之后你才有必要开始担心网络欺凌的发生？如果你是一个"小不点"的家长，你是不是就可以认为孩子连手机都没有，所以无须担心孩子会受到恶意、色情短信的侵扰？如果你是因为非常关心孩子的安全问题而开始阅读这本书，那你马上就知道这两个问题的答案都是否定的。在当今世界，有很多为婴幼儿设计的应用程序和面向学龄前儿童的笔记本电脑。因此，我们甚至需要帮助非常年幼的孩子做好安全上网的准备。下面的案例描述了一群刚满10岁的孩子去同学家留宿聚会时发生的事情，这些孩子在当时看起来是那么的年幼无辜。

八名四年级的小学生一起来到琪琪的家，参加她的10岁生日派对。他们像以前经常参加的那些聚会一样，吃比萨饼、看电影、拆礼物、吃甜食。琪琪的父母也参与了所有的活动，他们帮助女孩们做美甲、和她们闲聊；在晚上熄灯的时候重新布置地下室家具摆放的位置，腾出地方放置六个睡袋、六个枕头，还有三打毛绒玩具，把地下室布置得像一个童话世界。

然而,当琪琪的父母上床睡觉之后,即将进入青春期的女孩们在海莉(受到哥哥姐姐的影响已经变得很"成熟"了)的带领下,很快就将话题转移到男孩身上,比如喜欢什么样的男孩、和男孩接吻等,然后把她们在外面过夜的照片传给男孩子。当女孩们谈论到内衣的时候,她们开始互换内衣试穿,并且拍下照片(当然,并不是所有 10 岁的女孩都穿内衣,但要是给这些女孩穿上非常漂亮甚至有些性感的蕾丝内衣,那就别有一番感觉了)。

女孩们被冲昏了头脑,所以照片内容变得愈发不堪入目——从内衣到内裤。海莉突发奇想,提议大家试穿超短裤;另一个女孩提出了不穿内裤就试穿超短裤的建议。然后,有一个女孩用手机拍了一张海莉穿超短裤的照片。

女孩们折腾了半宿,把自己弄得筋疲力尽,最后躺下睡着了。早上,她们吃煎饼和培根,抱着她们的毛绒玩具,又表现出 10 岁的孩子该有的样子了。她们回到学校,成了最好的朋友,并在这一年剩下的时间里尽情地谈论那次狂欢的经历。

四年后,当她们上八年级的时候,情况发生了变化,这八个女孩不再亲密无间。当女孩们 10 岁的时候,海莉的成熟举止受到了同伴的赞赏。但现在,她遭受着非常严重的欺凌——语言羞辱。损友们联合起来公然辱骂她,羞辱她。这种情况持续了好几个月,她几乎无法在学校待下去了。海莉以为事情已经糟到不能再糟的地步了,然而,没有最糟,只有更糟。

有一天,海莉 Facebook 的主页上被贴出了一张照片,上面写着"从四年级开始卖淫"。海莉一开始并没有认出照片上的人是自己。

她受到了伤害并且感到困惑,因为整个学校的人似乎都知道了这件事情。她极力否认这张照片是真实的,直到一名那天跟她一起通宵聚会的伙伴笑着问:"还记得在琪琪家的那天晚上吗?我们大家都玩得很开心!"

的确,在那天晚上,孩子们最初只是单纯地想娱乐一下,甚至当话题开始转向男孩和内衣时,她们的想法依旧很单纯。然而,通信科技的发展使那个夜晚彻底变味了,由一个承载着小女孩们美好回忆的夜晚变成了一个让海莉悔恨终生的夜晚。难道是手机的拍照功能导致了这种欺凌行为吗?答案是否定的。此外,拍摄者当时的意图也很单纯。那么,通信科技的发展是否给女孩们造成了一种意想不到的、长期的风险呢?确实是这样的。

可以肯定的是,处于危险之中的不止海莉一个人。尽管当这张照片在网上被传播时,海莉首当其冲遭到了猛烈的嘲笑,但发布这张照片的女孩也让自己陷入了法律危机。持有和传播未成年女孩隐私部位的照片是一种犯罪行为。一名14岁的女孩没想到自己在冲动之下开的一个玩笑竟然给自己招致了严重的法律风险,这种形势对所有人来说都很糟糕。

那些女孩能预料到将要发生的所有麻烦事吗?

在9~10岁的时候,大多数孩子对各种通信工具、软件已经非常了解,但对其可能会产生的危害认识不足。即使到了青春期,许多孩子仍然对他们在网络上做出的行为所要承担的法律后果一无所知。有一点非常重要,成年人要让孩子们了解,他们在网络上做出的行为可能会导致的风险,并教会他们一些技巧,使自己免受持久的伤害。这种教育应该在孩子们开始使用网络或者开始跟其他使用网络的同伴交往的时候就立刻进行。请记住,海莉当时没有手机,她只是参加了一个朋友的聚会。在当今世界上,几乎可以肯定的是,等到孩子们有自己的智能手机以及电子邮箱、Facebook 等社交媒体账户之后再开始进行这方面的教育就太晚了。

终结网络欺凌,专业人士和家长能做些什么

尽管许多专业人士和父母觉得自己在一个由年轻一代主导的网络世界里像是数字移民,但是他们在信息技术方面的短板通常可以由他们在社会经验和道德观念方面的优势来进行弥补。接下来,关于如何减少网络欺凌,我为大家提供了一些实用的指导策略,不管你是网络技术达人还是网络新手,都可以依据这些策略对孩子在网上的行为进行指导,保护孩子免受欺凌。

人与人之间保持紧密的联系

为预防欺凌,人与人之间保持紧密联系主要体现在以下三个方面。

增进孩子与同龄人之间的互动

在当今的数字世界中,端对端的交流在社会交流中占主导地位,促进孩子们展开良性情感互动的最佳方式之一是鼓励他们进行大量的面对面交流。父母要鼓励孩子在社交场合放下电子设备,和同龄人在线下进行充分的交流沟通、玩耍嬉戏,这种做法对孩子是很有帮助的。对比较年幼的孩子来说,鼓励他们玩一些不需要借助

电子产品的、可以充分发挥想象力的游戏通常是很容易的。然而，当他们步入小学高年级时，许多孩子已经想要把网络、电子科技融入他们与同龄人的互动当中了。玩电子游戏、从网站上看视频、在Facebook 上发评论、转载博客，以及下载最新的应用程序对孩子们来说似乎没有什么危害，但在孩子们进行面对面互动的时候，看护人最好让孩子暂时远离电子、网络产品，这对孩子的身心健康有一定的促进作用。

增进成年人与孩子之间的互动

孩子只有在感觉自己在线下与成年人的关系足够亲密的时候，他们才会愿意向成年人吐露他们在网上遇到的欺凌事件。下面，我将介绍一些具体策略，帮助成年人对孩子在网络上的行为进行监控。但要明确一点：即使是观察力最敏锐的成年人也会错过一些可能会让孩子陷入困境的迹象，没有一个成年人能够密切关注孩子社交网络中所有同伴的动向。网络欺凌问题专家帕里·阿夫塔卜（Parry Aftab）认为，让父母参与和跟踪孩子所有的网络社交活动是不现实的。他指出，一般孩子有三到五个社交账户，而他们的父母通常只知道其中的一个。对于想要掌握孩子网上动态的父母来说，唯一可行的方法是创造一个让孩子感到足够安全、可以放心大胆地和父母交心的日常环境。

专业人士和家长应该直接和孩子讨论网络欺凌的问题，首先要教会他们辨别什么是健康的社交关系，如何尊重在网络上遇到的人，以及如何让某人对发生在网络上的欺凌事件有一些了解。对于父母来说，当你知道你孩子的"某人"不是你时，你会感到非常羞愧。尽量不要往心里去，因为你的意见对你的孩子极其重要。他可能会因为太过害怕让你失望，以至于不敢透露关于他在网上被欺凌（或参与欺凌）的事情。只要你让你的孩子至少能和一个他觉得值得信任、能够对其敞开心扉的成年人建立联结，你就已经满足了孩子的一个非常重要的需求。

此外，成年人在教导孩子了解网络欺凌所导致的法律后果方面起着至关重要的作用。美国马里兰州的《格雷斯法案》（*Grace's Law in the State of Maryland*）是一项具有里程碑意义的反网络欺凌法案，它是以一位因在社交媒体上遭受恶意骚扰而自杀的青少年格雷斯·麦克马斯（Grace McComas）的名字命名的。而在此之前，马里兰州的立法只适用于通过电子邮件进行骚扰的情况，《格雷斯法案》将该类法律的适用范围扩大到在社交媒体网站上进行的欺凌行为。随着越来越多的州开始效仿马里兰州的做法，网络暴力不再因为是"孩子们在空闲时间闹着玩的事"而被容忍。那些欺凌他人的孩子（以及那些应该对孩子的行为负责的成年人）再也不能拿"无知"做挡箭牌，为他们的违法行为进行辩护了。专业人士和家长有责任就网络欺凌在法律和道德方面产生的后果对孩子进行长期的教育。

增进成人之间的互动

成年人要想对网络欺凌进行了解，最可靠的方法之一是与其他成年人保持联系。然而，要想终结网络欺凌，专业人士和父母都必须能够放心大胆地接收、传递有关孩子的可靠信息（想达成这一目标有时很难）。当成年人之间的互动是建立在"我们要团结起来"而不是"看看你的孩子都做了些什么"的思维模式上时，上述目标

第 4 章　直面网络欺凌

才能得以实现。

然而，尽管大多数父母（包括我自己）都非常愿意相信"我的孩子永远不会那样做"，但事实上，几乎所有的孩子都可能有过为了寻求归属感而陷入困境的时刻，也可能会有判断失当、做出欺凌行为的"黑历史"。对这一现实问题保持开放的态度是至关重要的。另一方面，我们总是试图否认事实，这会妨碍成年人引导、保护孩子，不利于培养出孩子中止网络欺凌的技能。我们要明确一点：孩子们的确会在网上犯错，这很正常。作为成年人，我们的职责是阻止他们一遍又一遍犯同样的错误。为了达到这一目的，我们首先要确定孩子什么时候开始做出了错误的行为，然后指导他如何做出弥补，并防止这种行为再次发生。

对一些父母来说，听到自己的孩子做出了欺凌他人的行为是很难接受的；对于那些自己孩子遭受了欺凌的成年人来说，网络欺凌事件带给他们的负面影响甚至更加难以承受。这些成年人担心他们会被别人如何评价。他们担心被指责故意夸大事情的严重性，他们不想被贴上"搬弄是非"的标签。这听起来是不是很熟悉？这些担忧是真实存在的，作为成年人，我们必须足够坚强才能面对它们。当成年人意识到发生了网络欺凌但不进行干预时，往好了说是他们无能，但往坏了说他们甚至是欺凌者的同谋。对于网络欺凌，我们每个人唯一能做的就是让大家知道这件事。当成年人之间不能相互通气、互通有无时，我们就会拖累彼此。我们辜负了受害的孩子，与此同时我们变相地鼓励了那些欺凌他人的孩子。还有比这更糟糕的吗？

在下面的场景中，一位家长向另外两位家长讲述了一起网络欺凌事件，他们每个人的女儿都受到了影响。

凯丽的母亲正在浏览她女儿 Instagram 账户上的图片，这时她看到了一张照片，这是一张凯丽的一名 14 岁女同学臀部被放大的照片。凯丽是对照片发表了恶意评论的几个人之一，包括像"班里最蠢的人""呃，真恶心，肥婊子"和"你知道怎么拼 L-O-S-E-R（废物）吗"这样的评论。

凯丽的妈妈被眼前的景象惊呆了。她立即与她的女儿就这张照片进行面谈，并对女儿进行了批评教育，同时让女儿立即把照片从社交媒体网站和自己的手机上删除。凯丽还被要求当场关闭她的 Instagram 账号。凯丽的妈妈首先和女儿讨论了为什么这张照片不应该被下载下来，并告诉她在网络上发布这样的帖子是不可以被原谅的，更没有理由对此进行恶意的评论。对凯丽的妈妈来说，与女儿的谈话是比较容易进行的。除此之外，她知道她还有两场艰难的谈话要进行：首先，她要与那位照片被曝光在网上的同学的家长进行谈话，她们之间并不熟悉；其次，她还要跟一位关系很好的朋友进行交谈，那位朋友的女儿也在网上发表了恶意评论。

下面是她与这两个孩子家长的对话。

与受害同学家长（并不熟悉）的谈话

凯丽的妈妈：你好，我的名字叫凯特。我是凯丽的妈妈，凯丽和你的女儿是同班同学。

同学的妈妈：嗨，凯特。你好吗？

凯丽的妈妈：嗯，恐怕我有一些不好的消息要告诉你。这对我来说是一个艰难的决定，因为我对凯丽做的一些事情感到非常尴尬和羞愧，但我得跟你说实话，这样我们才能一起努力让事情变得好起来。

同学的妈妈：好的。谢谢你打电话过来。我有点紧张……

凯丽的妈妈：首先，我想代表我女儿跟你道歉。今天早上，我在浏览她的 Instagram 账号时，发现她发了一张关于你女儿的照片。包括凯丽在内的几个孩子对照片发表了不好的评论，我一看到照片就立刻让凯丽把它从网上删除了，并且关闭了她的账号，还删除了她手机里的照片。我为她拍下这种照片感到羞愧，也为她把照片传到网上感到震惊，我已经和她谈过这件事情，她现在已经知道这违反了我们家的价值观和原则。我很抱歉告诉你这件事，但是我知道你有权利知道，我希望凯丽能够做些什么来弥补她的错误。

受害同学的家长可能会对自己女儿的遭遇感到非常震惊，并对欺凌行为感到愤怒；她有可能对 Instagram 到底是什么也不确定，对这种情况将如何影响她的女儿感到困惑；她有可能会威胁凯丽的妈妈说她会立即采取法律行动；她还有可能完全淡化事件的严重性。最好的情况是，她会感谢凯特坦率地把这件事告诉她并提醒她注意，然后迅速找出一个解决问题的思路。实际上，在对状况进行了预测和冷静思考之后，她是有可能做出一个理性的、以解决问题为导向的回应的，但这需要一些时间。

说实话，凯特无法掌控这位同学的父母会如何回应。她只能控制好自己的措辞以及说话的语气和态度。在这种情况下，凯特选择了坦率面对，主动道歉并积极处理她女儿所犯的错误，而不是选择逃避或者把事情掩盖下去。成年人以这种方式处理孩子的错误和不端的行为是教育孩子最好的方式。

你可能想知道，凯丽应该为她自己的行为承担什么样的责任。她应该亲自给受害同学家长打电话吗？在某些情况下，让孩子自己去主动联系受害方是完全正确的，目前这种情况凯丽确实有必要直接向她的同学道歉。然而，当涉及这种可能会对孩子造成深远而持久的影响的问题时，成年人之间仍然需要进行沟通交流。虽然对于某些网络欺凌事件，孩子们完全可以自己处理，但是成年人永远不应该认为孩子在没有成年人做示范、进行指导的情况下就会自动习得这样的技能。

与"同谋者"家长（亲密的朋友）的谈话

凯特：嗨，蒂娜。我是凯特。

蒂娜：嗨，凯特。你好吗？

凯特：不太好。我有一些不好的消息要告诉你。我发现凯丽和艾玛做了一些让我感到非常难过的事情。我打电话是因为我想让你也意识到这个问题，这样你就可以和艾玛一起处理好这件事情了。

蒂娜：是关于 Instagram 的事吗？艾玛刚跟我说了，她说凯丽给她发了短信，说因为自己在网上传了一张照片给你们两个带来了很多麻烦。我看到了，老实说，我觉得这件事并没有你想的那么糟糕。我觉得那个女孩不应该穿那么紧的裤子,或许她可能正期望着其他孩子谈论她呢,你不这样认为吗?

凯特:嗯,好吧。但事实上,我不同意你的看法。我真的很震惊,凯丽居然会拍这样的照片,更糟糕的是,她竟然还把照片给别人看。我们有规定她在网上可以做什么,不可以做什么,这件事情明显违背了我们之前的约定。我为那个女孩感到难过,她一定会觉得很丢脸!

蒂娜:艾玛说那个女孩根本不知道这件事。我觉得我们应该保持原样,不去理会这件事情。这张照片已经不在凯丽的网页上了,不会造成什么伤害了。

凯特:抱歉,蒂娜,我还是不同意这种做法。我认为这个女孩已经受到了很多伤害。老实说,尽管这张照片已经不在凯丽的页面上了,但它仍然存在于其他孩子的恶意评论中。我打电话是想让你了解这件事情,来帮助你和艾玛一起解决这个问题。我已经和那个照片上女孩的母亲谈过了,所以那个女孩已经了解了正在发生的事情,我不能就这么把事情掩盖下去。

蒂娜:好吧,我不得不说我认为你对这件事情反应过度了,凯特。孩子就是孩子。这是她们自己的世界。现在她们在网上分享一切。我们不能把什么事都看得那么严重,我们只需要让她们自己来处理。

凯特:行,我理解你的看法。我想我们必须求同存异。我对凯丽参与这件事情感到很不高兴,我不认为这应当是她或者任何其他孩子日常生活的一部分。这样的照片越界了,不仅仅是孩子之间的嬉戏玩闹了。这纯粹是为了让那个女孩难堪,我不会让凯丽认为这样的行为是可以被允许的。

即使是亲密的朋友,对网络欺凌的处理方式也有很大不同,这并不罕见。这种形式的欺凌行为之所以如此令人困惑,部分原因在于成年人关于该如何严肃对待这种行为,以及如何与孩子们处理这种行为缺乏共识。

在第二个对话场景中,凯特无法掌控蒂娜将如何应对这种情况,也无法掌控她将选择如何管教艾玛。她只在如何管教凯丽,以及在处理这类事件时在自己的家庭中设定什么样的标准这两件事情上有决定权。最起码,通过明确自己的标准,凯特将有能力影响到她女儿的行为;最起码,她诚实而自信的反应能够为和她一样的父母在考虑如何解决网络欺凌问题时提供一个模板。改变往往发生得很慢,但它始于人与人、父母与孩子以及同伴与同伴之间的互动。

教育孩子遵守网络礼仪,网上行为要得体

当互联网第一次作为一股强大的力量出现在世人面前的时候,"网络礼仪"一词被用来描述在线互动的道德方式。虽然还没有一个类似的短语出现在手机上(也许可以称之为"手机礼仪"),但对于专业人士和家长来说,要制定一套规范孩子网上行为的标准,让孩子了解到,通过网络与同伴互动既会产生好处也会产生风险,这一点是非常重要的。和大多数与孩子一起生活、为其服务时遇到的

情况一样，对于如何教导孩子安全使用网络，并没有一个简单的、一刀切的解决办法。下面我为成年人提供了一套可以与孩子们分享的八条普遍规则。这些规则是直接面向孩子们的，并提供了一些实用指导方针，以此让孩子们在使用网络时知道如何维护同龄人的尊严，以及践行被大多数学校、组织和家庭认可的积极价值观。

1. **说话要谨慎**。对于那些你不想当面和别人说的话，也不要通过短信发送出去或通过互联网进行传播。网络的便利使我们太容易说出一些冲动或不友好的话。同时，阅读你信息的人看不到你的面部表情，听不到你说话的语气。你所发送的信息中蕴含的讽刺和幽默态度经常会在信息传播的过程中被扭曲，所以要避免使用蕴含此类意味的表达。

2. **互联网不应被用作攻击他人的武器**。当你上网的时候不要说别人的闲话，因为你的话可能被曲解、被操纵，未经你的允许就被别人转发。另外，在人们无法为自己辩护的情况下，就对他们进行议论是不公平的。同样地，社交媒体网站永远不应该被用来排斥某个团体之外的同龄人，或者被用来在一场争端结束后孤立某人。

3. **你发布的内容是永久性的**。一旦你在网上分享了一些东西，你就会失去对它的控制，谁都能转发它，谁都会看到它，谁都能使用它。你现在当然可以信任有你私密照片的男朋友，以及知道你秘密的最好的朋友，但是你仍然应该避免在网上向他们发送任何个人信息。你现在可能无法想象，但总有一天这些信息可能会被扭曲，被用来对付你。

4. **考虑一下这是发给谁的信息**。在网络空间发生的事情会永

101

远停留在网络空间。虽然你可能打算把你的私人信息或照片只发送给一个收件人,但请记住这一点,它可以被剪切、粘贴,转发给无数人,永远不要发布你不想要所有人都能够看到的照片或信息。当谈到这个话题时要注意,在你允许你的同伴给你拍照片和拍摄视频之前要进行认真考虑。有时,这些图片一开始可能很有趣,但是之后就可能会被用在尴尬的场合。穿好你的衣服,不要有任何像电影中出现的戏谑行为,这些行为可能会在之后被断章取义,拿来针对你。

5. 考虑一下妈妈会怎么想。善待他人,不要用电子邮件对任何人说肮脏或刻薄的话。停下来问问自己:"如果妈妈看到这封信,她会怎么想?"并将其视为你回复邮件的行为准则。

6. 三思而后行。在这个即时互联的世界里,在特定的时刻,你可能会被诱惑说出你脑海中的任何事情。不要向诱惑屈服,在你发表评论、回复信息之前,先放慢速度进行思考——特别是当你感到愤怒或悲伤的时候。等到你有机会把事情想清楚,冷静下来,再去发一条无法撤回的信息。

7. 不要和陌生人说话。还记得你的父母在你小时候跟你说的话吗?它在今天仍然适用,而且在你上网的时候要记住这句话是非常重要的。网络空间里潜伏着大量的"捕食者",他们通过狡猾、隐蔽的方式从孩子那里获取个人信息。千万不要在网络上分享私人信息,包括你的名字、家庭住址、个人照片、学校,还有电话号码等。

8. 了解法律。现在你知道网络欺凌是违法的了,声称你不知道是不可能的。事实上,对任何孩子来说,对法律的无知并不是一种可行的辩护，那些利用网络和社交媒体故意对他人造成情感困扰的人可能会被罚款甚至监禁。你的朋友在网上发布的真的是"无害"照片吗？实际上，照片上的人正在经历切实的痛苦。发帖的朋友要承担法律责任，那些转发的人也一样要承担法律责任。对于你写的那句刻薄的玩笑评论，现在你也要负法律责任。

监控孩子们在网上的行为

在最近一次关于网络欺凌的谈话中，我听到了有人这样咆哮："我不知道这有什么大不了的——所有这些网站和电子产品都在家长的掌控中，父母只要稍加控制就可以了。"

要是有那么简单就好了。我基本同意那个人让父母对孩子的行为加以控制的建议：成年人的确应该使用控制手段。然而，我要提醒所有的父母，不要把父母的控制当作维护孩子安全唯一的手段，我们都知道父母的控制力是有限的。我们都知道孩子们有多擅长试探大人的底线。孩子身上自发的防御机制是非常重要的第一道防线——最好通过积极讨论、耐心指导、设立标准、传授知识、培养兴趣、有效监控和提供支持等手段来加强这种防御机制。

应该如何对孩子的网上活动进行有效的监控呢？当然，监控的方式会随着孩子年龄的变化而变化。幼儿在对网络世界进行探索的过程中受益于（且非常享受）成年人的积极参与（比如，孩子上网时父母坐在他们的身边）。在学前班和小学早期，孩子们并不太需要网络欺凌方面的保护，他们需要学习如何在网站之间进行导航、如何使用应用程序、如何保护他们的在线身份，以及如何避免在网络上接触不安全的人。

　　随着孩子年龄的增长，监控变得越来越棘手。在上小学高年级（当然也包括初中和高中）的时候，孩子们有足够的知识、能力和动力去独立使用网络。他们甚至可能拥有自己的智能手机或电脑，这使得成人进行监控变得更加困难。说到保护孩子们的网络安全，预防当然比治疗更重要，这就是为什么在孩子能够独立使用网络之前，成年人需要与他们建立良性的联结，并教育他们做出得体的网络行为。在孩子很年幼的时候打下良好的基础之后，大人们就可以屏住呼吸，满怀希望期待美好结果的降临吗？也许是的，但是专业人士和家长也还有很多其他有效的方法来促进这一愿景的实现。

练习：鼓励孩子们互相传授网络欺凌方面的知识

　　要想教育孩子了解互联网的益处和风险，最好的方法之一就是鼓励他们互相分享有用的信息。毕竟，当涉及在线互动时，孩子们才是真正的专家。

　　如果你在学校或学生团体中工作，不妨让高年级的学生向低年级的学生介绍关于网络欺凌预防的技巧和策略，鼓励孩子使用网络、科技手段来教授他人网络知识。例如，孩子可以制作关于反欺凌的视频，然后通过视频网站把它分享给同龄人。他们还可以通过演示文稿（PPT）的形式来向同学们普及关于网络欺凌的知识。这两种方法都能使孩子们有机会以正确的方式来使用网络，并使其他相关受众直接参与进来。

　　在家里，让哥哥姐姐为弟弟妹妹写出三到五个可能会在现实中发生的网络欺凌场景。让孩子们共同努力、迎接挑战，为每一种情况制定符合实际的、有效的应对策略。在活动中，父母可以了解到他们的孩子会遇到哪些典型的网络欺凌形式，兄弟姐妹则有机会共同努力，寻求积极的解决方案。根据需要，父母可以为孩子提供指导。

获取孩子的密码

当你允许孩子使用手机、Twitter、网络电话、视频网站或任何其他不断发展的通信、社交工具时，成年人一般不会越界去随时访问孩子的账户。但是请注意：随着线上活动的发展，越来越多的社交网站甚至不需要个人账户或密码，它们允许任何人在没有预先注册或创建账户的情况下就能发布、评论和分享图像，这就使许多欺凌者能够公然展开匿名的、来去自如的攻击。

网络科技所提供的便利和自由可以诱使最值得信赖、最负责任的孩子进行危险的活动。因此，要提前让孩子们知道父母会查看他们的手机短信、电子邮件，观看他们上传的视频，以及进行任何其他形式的监督，从而保障他们能够安全地使用网络，这一点非常重要。是的，大一点的孩子总是想方设法来阻止父母探寻他们的隐私，但是建立价值观、道德标准，对孩子的行为加以限制和建立问责机制始终是成年人义不容辞的责任。

要让孩子明白：与值得信赖的成年人分享他们的密码是很重要的，但把他们的密码交给他们的朋友绝对是危险的。他们前一天还可能是朋友，第二天就可能变成不共戴天的敌人，当孩子们把自己的密码透露给别人时，他们就放弃了对他们个人账户和在线身份，

105

以及他们的良好声誉的控制权。

家长们，如果你的孩子正在使用像 Facebook 这样的社交网站，你可以在那上面加他为好友，或者请一个值得信赖的成年人这样做。虽然孩子最初可能会对这种行为十分抗拒，但是当父母告诉孩子这种行为是出于对他的爱和关心时，孩子们就会慢慢接受。

设置家长监控和警报机制

如上所述，父母是监控孩子网上活动的第一道防线，虽然这并不是万无一失的做法。父母还能够利用许多可以免费激活的设备对孩子进行监控，也可以通过互联网安全公司购买相关设备。这些监控设备具备许多重要的功能，包括：

- 监控在特定设备上访问的所有网站；
- 记录电子邮件、即时消息、网上聊天和社交活动；
- 屏蔽不良网站和用户；
- 封锁网络广告、恶意软件、网络钓鱼等；
- 截图留存。

谷歌警报（Google Alerts）为成年人监测孩子的网上活动提供了一种有效的方法。父母可以设置一个谷歌警报，每当孩子的名字、用户名、标记图像、电子邮件地址或其他身份信息在互联网上被提到时，家长都会收到邮件通知。家长可以轻松设置谷歌警报，随时了解孩子们说了什么、分享了什么、发布了什么。

把电脑放在公共区域

无论是在学校的教室、休息室里,还是在家里,电脑最好放在成年人很容易接触到的地方,可以方便成年人查看孩子正在用电脑干什么。即使是最优秀、最聪明、最善良的孩子也会受到诱惑去做一些不好的事情,比如看一些低级趣味的东西或者在同龄人受到伤害的时候袖手旁观。把电脑放在公共区域并不会完全阻止这种行为的发生,但这将使孩子们三思而后行,让他们知道谁在关注他们的活动,以及他们是否应该参与到当前的活动中。让孩子们能够对自己的网上行为三思而后行正是成年人想要达到的目标。

保持交流

关于如何让孩子安全地使用网络科技的讨论不应被当作一次性的任务,而是应该始终被放在待办事件清单中。成年人应该与孩子保持持续开放的对话,关注他们在做什么、看到了什么,以及在网络上的行为是怎样的。因为大多数孩子一听到成年人要对他们进行指导教育,就会很快走神,而提问是促进这种交流的理想方式。你可以问孩子以下问题:

- 你会跟面前的人说出你正在发送的短消息的内容吗?
- 如果你的父母看到这封邮件,他们会怎么想?
- 你发送的信息是否会对你、你的朋友、你的家人或者其他任何人造成伤害或引起尴尬呢?
- 你喜欢这个视频里的什么内容?是什么让你的朋友也想要观看和分享这个视频呢?

- 你的文章会被别人断章取义吗？
- 你的朋友正在社交媒体上分享什么样的事情呢？
- 如果你收到威胁或传播谣言的短信，你会怎么做？
- 科技是如何使你更容易对别人出言不逊的呢？

手机和社交网站是孩子进行网络欺凌的主要工具，因此反复审查短信内容、通话记录是必不可少的手段，社交媒体网站永远不能被用作传播流言蜚语、排斥他人或令人尴尬的工具。

将反对网络欺凌纳入学校政策

美国大多数州关于欺凌的法律中都包括关于网络欺凌的具体条款。学校和其他未成年人服务组织、机构应该就未成年人如何安全使用网络制定明确的指导方针和政策。这些政策应该包括网络欺凌安全报告机制，以及当学生违反既定规则时应该如何应对的协议。网络欺凌政策应该清楚地传达给学生和家长。许多学校要求学生签署反欺凌承诺书，这有助于记录已经讨论、商定过的政策。

赫希和洛温建议学校可以采取进一步的措施，指定专人负责跟进与网络欺凌相关的现行法律，了解制止网络欺凌的最佳做法。这位网络欺凌专门负责人将担任家长和当地执法部门之间的联络人。

在家中订立网络安全契约

对于父母或看护人来说，有一个简单的方法可以确保你能清楚地告知孩子他们应该如何正确使用网络，并确保他们已经收到你的信息，那就是订立网络安全契约。最有效的契约是那些父母跟孩子进行交谈、交流想法和达成一致看法后所订立的契约。这并不是说当涉及网络科技的使用时,孩子应该自己制定规则,而是说当孩子们感到他们在订立契约方面有发言权的时候,他们通常会更用心地去维护这个契约。

网络安全契约的订立应该遵守简洁、直接和全面的原则。这些契约最好是基于特定的价值观,比如尊严和尊重。带有惩罚性条款的契约往往不太能打动孩子们的心。比如,当里面含有"你不许"这样的内容时,他们维护这些规则的积极性就会被削弱。

专业人士和家长可以为手机、电子邮件以及在线社交媒体的使用找到契约模板。运用这些模板,家长通常可以更好地引出并与孩子谈论网络安全这个话题。然后,父母和孩子可以基于每个孩子所处年龄段的特点,与孩子一起订立契约。在谈话的初始阶段,父母就应该向孩子们保证并声明,订立契约的目的不是为了限制他们的自由,而是为他们制定一个明确的框架,让他们在家庭价值观允许的范围之内享受科技带来的乐趣。

最后,我要提醒一下那些选择与孩子订立网络安全契约的家长。请记住,这些契约可以是非常有用的工具,它可以让你与孩子之间敞开心扉、展开对话,就网络行为和重要的价值观等问题进行讨论。但是,我们不能把它们与实际的法律文件混淆。与孩子订立的契约,如果能够经常被重新讨论、修订,那它的效果会更好。另一方面,如果一位成年人把一份已经签署的契约束之高阁,认为它在没有被持续讨论的情况下仍会持续发挥作用,那么实际上他在内心深处觉得这份与孩子订立的契约本来也不会产生什么作用。

让孩子喘口气吧

网络对孩子的最大威胁之一是让他们能够不断地与外界进行联结。孩子们每时每刻都想看看别人对他们说了些什么——从凌晨到夜晚。让孩子喘口气吧！在白天，关于使用手机和网络，老师和辅导员可以制定合理的规则。在晚上睡觉的时候，父母也可以定一些规矩——把手机放在远离卧室的地方进行充电。如果你不让你的孩子在没有大人陪护的情况下深夜在外面闲逛，那为什么允许他没有时间限制地接触网络呢？网络安全一则涉及人身安全，二则涉及情感安全。两者都对孩子的健康发展和幸福至关重要。

练习：网络用语知多少

网络有自己的语言。比如 LOL（大声笑）、JK（开玩笑）、BRB（马上回来）都是很常见的网络用语[①]。现在大多数父母理所当然地认为 ATM 是指银行的自动取款机，但孩子们可能会告诉你，它更有可能指某人在购物中心（at the mall）。

很多网络用语都是比较隐晦、巧妙而且有意让人捉摸不透的。30 岁以上的人可能永远不会知道所有这些首字母缩略词所代表的含义，但是专业人士和家长对孩子使用的网络术语研究得越多，他们就越能有效监控孩子对网络的使用和滥用。

[①] 这三个英文缩写代指的英文分别是 laugh out loud、just kidding、be right back。——译者注

第4章 直面网络欺凌

测一测你对网络术语的了解有多少

（答案见下一页）

1. BFF
2. TTYL
3. ROTFLMAO
4. CICYHW
5. CYE
6. FYEO
7. FWB
8. 420
9. 53X
10. LMIRL
11. AITR
12. MOS
13. Code 9
14. TAW
15. IMGC

当你浏览每个常见网络用语的"翻译"时，不妨花点时间来想一想你对每一用语的看法和感受。当你仔细思考孩子们用来相互交流的网络用语时，你会有什么看法？当你了解到他们交流的内容时，你会有什么感觉？你怎么理解孩子们为了躲避大人的监督，而对他们的交流内容所做的掩饰？你怎样才能在这个秘密的世界为孩子们提供帮助？

当你搞明白了这些网络用语含义的时候，孩子们的网络语言可能已经发生了演化和改变。专业人士和家长面临的挑战是如何紧跟时代潮流。在任何特定的时间点，成年人都可以通过在搜索引擎中输入"文本缩略词"这几个字来了解常见的网络用语。但要注意：你搜索的许多缩略词可能在网上都是找不到的，只有孩子们才知道它们代表什么意思，这就是网络世界的现实。如果我们想抓住机会引导孩子们在他们的网络世界中安全地"生活"，我们就需要去了解我们孩子的语言。

（答案）

1. BFF：永远最好的朋友（Best friend forever）

2. TTYL：等会儿再聊（Talk to you later）

3. ROTFLMAO：捧腹大笑（Rolling on the floor laughing my ass off）

4. CICYHW：作业能借我抄一下吗（Can I copy your homework）

5. CYE：查看一下你的邮箱（Check your e-mail）

6. FYEO：只准你一个人看（For your eyes only）

7. FWB：性伴侣（Friends with benefits）

8. 420：大麻（Marijuana）

9. 53X：性（sex）

10. LMIRL：面基、网友见面（Let's meet in real life）

11. AITR：屋里有大人（Adults in the room）

12. MOS：我妈在看着我呢（Mother over shoulder）

13. Code 9：我父母在旁边（Parents are around）

14. TAW：老师在看着呢（Teachers are watching）

15. IMGC：我会被逮到的（I might get caught）

让访问网络成为"特权"

重要的是要提醒孩子们，他们使用网络和社交媒体是一种"特权"。家长应该跟孩子说明，如果他们违反了既定规则，这一"特权"可能会在任何时候受到限制或被撤销。

第4章 直面网络欺凌

让孩子们对自己的网络行为负责

在一项针对初中生和高中生的研究中,研究人员问孩子们,怎么才能阻止他们在网上欺凌其他孩子。孩子们认为,父母剥夺他们上网的机会对他们来说是最大的威慑,其次是父母没收他们的电脑或手机。让孩子们意识到他们在家里、学校里做出的一些不良网络行为可能会导致的后果是非常重要的。根据州一级的法律规定,成年人要通过有效且令人信服的方式追究孩子的责任。

禁止孩子接触网络和电子产品就能解决网络欺凌问题吗?一些成年人非常认真地思考这个问题,理由是当他们还是孩子的时候,他们没有社交媒体网站和手机也能很好地生活,所以他们的孩子也可以。的确,现在许多的专业人士和父母在他们成长的岁月里,彼此之间的交流是不受网络科技支配的。但现实是,成年人必须在当下的环境中抚养孩子,现在的情况已经和他们之前生活的年代大相径庭了。在家里、学校、单位以及其他地方,孩子都有机会接触到网络。与其完全禁止孩子接触网络,不如教导孩子们如何安全地使用网络,并且要懂得时刻尊重自己和他人。

在关爱的环境下与孩子进行沟通

不管孩子们在网络科技方面的知识多么丰富,他们依然是孩子。成年人需要帮助孩子们牢记这一事实,保持警惕,引导他们。成年人不应让孩子感觉对他们的监控是出于成年人对他们的怀疑和不信任,而要让孩子感觉成年人之所以这么做是出于对他们的关心和关爱,是为了保护他们在网上的安全。我和自己的女儿们说:

"因为我爱你们，所以我才这么做。"在她们愿意和我敞开心扉后，我心想："天啊！我居然可以倾听到他们内心的想法。"

终结网络欺凌，孩子们能做些什么

在前面的章节，我已经详细地介绍了学校工作人员和家长可以做些什么来保障孩子的网络安全。然而，或许成年人最重要的职责是让孩子自己成为预防和终止网络欺凌的第一道防线。在对网络欺凌进行干预时，成人和孩子都要秉持同样的原则，即干预措施必须简单有效，以便使其充分发挥作用。以下八条指导原则对于任何年龄段的孩子都是很容易理解和运用的。

1. 向成年人求援

应对网络欺凌的原则与处理其他类型欺凌的原则没有太大的不同。在这两种情况下，孩子必须向值得信赖的成年人求援，告知成年人关于网络欺凌的情况。成年人有很多方法来改善网络欺凌的状况——但是如果他们不知道，那么他们就什么也做不了。

2. 不要以暴制暴

孩子在遭受网络欺凌之后，本能的反应是对施害者进行反击——以牙还牙，像他们一样张贴下流的照片，或者散布报复性的谣言。千万不要这么做，以暴制暴并不能很好地解决问题，反而会导致三个很坏的后果：

- 会使欺凌行为升级，始作俑者很可能会使欺凌事件进一步升级；
- 在成年人眼中你犯了同样的错误，到底是谁挑起了这个事件不重要，重要的是谁能妥善地结束这个事件；
- 它可能会让双方都陷入法律危机，因为网络欺凌可以被定性为刑事犯罪。

这并不是说网络欺凌的受害者或旁观者应该表现得就像什么事都没发生一样。孩子们可以采取很多有效的手段结束欺凌行为（请参阅此处提出的其他指导规则），但是报复往往是最糟糕的选择。

3. 退出账户，拉黑施害者

成年人会花很多时间教给孩子一些交友技巧，但在某些情况下，却很少有人教导孩子如何结束一段可能会给他们带来风险的友谊。然而，这一点是非常重要的。孩子应该知道，阻止网络欺凌的第一道防线是暂时退出账户。孩子们在面对面进行互动时会很难立刻结束对话，这会使他们很尴尬，但在网络上孩子们可以立即结束对话。一旦意识到欺凌即将发生，他们就应该立即结束对话。如果他们后来质疑自己的直觉是否正确，不确定某一特定的情况是否真的那么糟糕，那么当他们冷静下来的时候，他们可以尝试去重新联系对方。但在当下，为了安全起见，最好中止对话并退出账户。

如果骚扰一再发生，孩子就应该立即拉黑施害者。拉黑是一种有效而果断的方法，孩子可以用这种方法来让别人知道他不会让自己受到无端的伤害。

4. 开启隐私设置

在日常生活中，我们称之为人际界限。在网上，我们称之为隐私设置。成年人应该教育孩子们有效地使用它们。在当今世界，孩子们的受欢迎度往往是通过社交媒体上的各种数字来进行量化的（如 Twitter 上的粉丝数量、Facebook 上的朋友数量、Instagram 上的点赞数量，以及弹出的实时对话框数量等）。虽然孩子们可能会不愿"自毁长城"，但这是一件具有积极意义的事情，因为它提醒孩子，如何被别人对待是由他们自己决定，而不是由他人决定的。

5. 截图、拍照取证

即使孩子有关网络欺凌的报告是可以被取信的，但欺凌者也完全可以否认对他的指控。家长应该教孩子把遭受网络欺凌的证据截图、拍照，包括攻击性的电子邮件、短信、Facebook 上的帖子、推文、照片、电话号码，等等。当孩子把这种确凿的证据与成年人分享时，家长们会意识到要想让网络欺凌完全终止，还有很长的路要走。

6. 干涉、阻止网络欺凌的发生

孩子们应该意识到，即使他们不是恶意信息的始作俑者，但是当他们转发它、给它点赞，甚至是看到它而不采取措施加以制止的时候，他们自身也会成为欺凌事件的"催化剂"。在第 6 章中，我将详细介绍旁观者在制止网络欺凌这一方面可以发挥什么样的作用。有一点非常重要：绝对不要转发、分享恶意信息，也不要被动地容忍网络欺凌行为。

7. 情感共鸣

当孩子们准备通过网络去发布信息时，他们应该记住一件事：他们通过敲击键盘所打出来的文字是会被别人看到的，他们要为自己的行为负责。太多时候，网络科技会让孩子们变得麻木，让他们意识不到自己的话可能会伤害到别人。这就解释了为什么孩子会在网上说一些他们永远不会当着某人的面说的事情。要想阻止网络欺凌的发生，孩子们要记住一件最基本的事情：接收他们信息的是活生生的人，而不是冷冰冰的机器设备。

8. 对自己的行为负责

如果孩子们对信息接收者的感受完全忽视，变得麻木不仁，那么他们有时就会忘记他们在网络世界的行为对现实世界产生的影响。成年人应该鼓励孩子们承认自己的错误，并对他们在网上对别人造成的伤害真诚地做出补救。坦白和问责都是遏制网络攻击强有力的手段。

练习：制订网络欺凌预防行动计划

在网络的使用和网络礼仪方面，你为孩子设定了什么标准？你给孩子订立的网络行为问责标准与线下行为问责标准相比，有什么差别吗？

在你与孩子一起生活、为其服务的过程中，不妨与孩子一起制订一个网络欺凌预防行动计划。计划包括具体的指导方针、网络安全契约、隐私设置标准、问责协议和讨论启动程序。这将帮助你的孩子以安全、得体的方式使用网络。

10项直接应对网络欺凌的实用策略

1. 鼓励孩子与同龄人尽可能多地进行面对面互动。
2. 与孩子建立积极的联结，就网络欺凌等高风险问题，积极与孩子展开对话。
3. 对自己孩子不太尽如人意的网上活动保持开放的态度，并且要有足够的自信去接触其他的家长，让他们了解自己孩子的其他隐秘的网络活动。
4. 培养孩子良好的数字公民意识。直接与孩子谈论社交媒体和网络可接受和不可接受的用途。
5. 以订立网络安全契约为契机，就网络活动和网络欺凌与孩子进行对话。
6. 让孩子们知晓网络内容的持久性和可复制性，就互联网几乎受众无穷大这一话题与孩子展开深入的讨论。
7. 不断学习和跟进孩子们使用的网络术语。
8. 学校的欺凌政策应该包含针对网络欺凌的、非常明确的应对措施和标准。
9. 在学校和家庭中，为孩子制定合理的手机使用规则。
10. 直接处理和报告孩子在网上的任何不道德的行为。

第 5 章
培养孩子的社交和情绪能力

8 Keys to End Bullying Strategies for Parents & Schools

第 5 章 培养孩子的社交和情绪能力

最近,美国一家为在校儿童提供心理健康服务的全国性组织向其在 Facebook 上的粉丝抛出了一个问题:当你目睹一名学生被欺凌时,你会怎么做?

在一小时内,有数百人做出了回应。大多数的回复,言辞都非常尖酸刻薄。网友直截了当地表达了施害者应当受到惩罚的看法,这往往会让某些比较敏感的孩子感到非常害怕。"欺凌者是可耻的!"一位老师回答说,她用自己引以为傲的 22 年的任教经历为她的想法背书。"把欺凌别人的孩子踢出学校。"另一个教师要求道。

Facebook 是一个可靠的公众舆论"晴雨表"。很明显,对于欺凌者,人们下意识的反应往往是充满敌意的。这样的反应是可以理解的,因为那些在自己童年时期遭受过欺凌的成年人,往往会有强烈的欲望保护他们的下一代免受同样的欺凌。同样,只有当欺凌者因其错误行为而受到惩罚时,许多成年人方才认为正义得到了伸张。

然而,旨在改变欺凌者行为的反欺凌策略的问题在于,其假定被欺凌者始终处于无能为力的弱势状态，即假设只有欺凌者改变自己的方式，被欺凌者的生活才会变得更好。事实上，戴维斯和尼克松在他们2010年的一项重要研究中发现，成年人试图改变欺凌者行为做法，实际上更可能使被欺凌者的情况恶化而不是好转。

一些致力于防止欺凌的组织将他们的工作重点转移到培养孩子们的社交和情绪能力上，它们已经取得了很好的效果。美国学术、社会与情绪学习协同会（Collaborative for Academic, Social, and Emotional Learning, CASEL）在其2011年的一项研究中清楚地表明，有效的社会情绪能力学习项目能够产生积极的社会化成果，如积极的同伴关系、更高水平的关怀力和同理心、更高水平的社会参与度，以及欺凌问题行为的减少。更重要的是，参与社会情绪能力学习项目的学生通常在学业上优于同龄人，毕业率更高。对于以标准化考试成绩为导向的学校，这种教育方式不容忽视。

在本章中，我们首先要看看哪些孩子能够从社会情绪能力学习中受益，然后听听这些孩子在被问及哪些社会情绪能力学习的技巧会使欺凌情况好转的时候，他们会说些什么。接着，我们将深入研究社会情绪能力学习在预防校园欺凌方面起到重要作用的五大策略。因为同龄人在孩子的生活中占据着重要的地位，所以我们将特别关注并教育孩子如何建立和保持积极的同伴关系。正如整本书一样，在这一章中，不会有复杂的、步骤繁杂的实施程序，你将看到的是一些帮助孩子应对欺凌的实用的、引人入胜的、易于使用的方法。

谁从社会情绪能力学习中受益

一名五岁的女孩不知道该如何正确地系鞋带,她的母亲教了她一次,并耐心地等待着孩子一次又一次地练习这个过程。这项技能的学习可能需要孩子重复很多次,并得到家长的充分肯定。最终孩子成功啦!并且,她非常熟练地掌握了这项技能。几天之内,她就会和别人分享她的知识,包括教她最好的朋友系鞋带。

在学校里,一名八年级的学生因为代数而苦恼。他对二次方程一窍不通。他很沮丧,觉得自己很没用。他的老师坐在他旁边,反复向他讲述解开方程式的方法,把它一步一步地分解成孩子能理解的语言。孩子眼前一亮,这是多年来他第一次觉得自己能够解答数学题。

一个孩子欺负他的同学时被抓住了,受到了惩罚,然后被送回了教室。

这样的对比是非常鲜明的。当孩子因缺乏基本的生活技能或为学习苦恼时,成年人往往试着教会他们;但当孩子表现出社交缺陷时,成年人所做的往往只是惩罚他们。为了改变存在于学校、社区和家庭中的欺凌文化,我们必须改变我们培养孩子社交和情绪能力的方式;不要一味地惩罚孩子,要建立一个行为培养体系,使孩子们从中学会处理社交问题、管理人际冲突的具体技能。

所有的孩子都需要这些技能吗?为什么不把这些方法分享给那些欺负人的孩子和那些特别容易受欺负的孩子呢?任何一个孩子几乎都可以从社会情绪能力学习中受益。正如卡丽·戈尔德曼(Carrie

Goldman）在其著作《欺凌》(*Bullied*)中指出的那样，一个人的幸福生活离不开社会上所有人的努力。事实上，人类在其生命中的所有年龄段、每一天里都需要运用社交技能。而只有通过正规教育培养出的社交技能才是真正有意义的，因为正规教育的目标是培养有责任心的公民，并且能在培养这些技能方面提供明确的指导。

此外，在谈到有效预防欺凌的方法时，我们并不局限于某几个特例孩子的行为，而是旨在让学校和社区为当地所有的孩子提供更健康的生活场所。研究表明，社会情绪能力学习能够有效地降低孩子受欺凌的概率，因为它能催生出抑制欺凌的技能、行为、态度和环境因素。

应该让孩子在什么年龄段进行社会情绪能力学习

在孩子的社交和情绪能力发展的过程中，小学是一个关键的时期。家长、教师、辅导员和其他值得信赖的成年人在这个年龄段仍然对孩子具有很大的影响力；在解决欺凌问题这一层面，他们对于孩子思想、情绪和行为的塑造能够起到非常理想的作用。如果一个孩子的欺凌行为在中学时期达到峰值，那么很可能是因为他在小学时期就种下了欺凌的种子。因此，在孩子刚踏入校门时就应该让他们接受社会情绪能力学习。

此外，社交思维（Social Thinking）理念的提出者米歇尔·加西亚·温纳（Michelle Garcia Winner）在其2013年的研究中表示，针对成年人的教诲，中学生的抵触情绪是最强的，因为他们认为成年人此时已无法再教会他们什么了。当孩子们还比较年幼时,仍然相信身边的成年人可以教授他们与社会化有关的知识,我们必须抓住这个机会教育好他们。

另外值得注意的是,在整个学习生涯中,孩子们在小组环境中的学习效果最好。虽然有严重社交困难的孩子可能需要成年人的一对一干预,但大多数孩子在群体环境中学习社交技能的效果最好,因为这为他们学习新的社交技能、与同龄人一起锻炼社交能力,以及立即获得反馈提供了一个非常好的机会。孩子们为彼此提供了一面镜子,这与仅仅由成年人提供的反馈有着本质的不同。更重要的是,来自同龄人的、真实而又富有温情的反馈会让孩子们相信,成年人教授他们的社交技能在现实生活中的确是有价值的。

孩子们认为他们需要什么技能来应对欺凌

作为专业人士和家长,我们往往认为自己知道什么对孩子最好。斯坦·戴维斯和沙里塞·尼克松在他们的一项具有开创性的研究中,开始探索我们的这一观点是否正确。戴维斯和尼克松在2010年采访了来自美国各地的小学、初高中以及不同性别、不同种族的12 000多名学生,询问他们认为应对欺凌需要哪些策略和技能。他们的研究目标是构架出一套完备的知识体系,提供一些能够减少校园欺凌行为的、最有效的干预措施。

研究结果对各年龄段的社会情绪能力学习都具有一定的启示和参考价值。当被问到"哪些策略会让情况变得更好"时,学生们最常提到下列策略：

- 告诉家里的某个成年人；
- 告诉学校的某个成年人；
- 开个玩笑；
- 告诉某个朋友；
- 打那个/那些欺凌自己的人。

当被问到"哪些策略会让情况变得更糟"时，孩子们最常提到的策略包括：

- 打那个/那些欺凌自己的人；
- 计划报复欺凌者；
- 让欺凌者停止欺凌；
- 什么也不做（忽略它）；
- 告诉欺凌者自己的感受。

有趣的是，"打那个/那些欺凌自己的人"在两个列表上都出现了。这种身体上的攻击性反应看似很可能让被欺凌者在出手的那一时刻感到充满力量，甚至可能获得同龄人的关注；但从长远看，这可能会让孩子付出很多代价，如冲突升级、对报复的恐惧加剧，以及来自学校和家长甚至法律的惩罚等。

在针对受访孩子的分析中有一个重要的发现：孩子们将获得他人支持的行为认定为在应对欺凌行为时最能产生积极影响的行为。相比之下，旨在改变欺凌者行为的策略往往会使境况变得更糟。对于致力于开发和利用社会情绪能力学习课程来帮助孩子应对欺凌的专业人士和家长来说，这些直接从学生口中所得到的发现是值得关注的。

社会情绪能力学习在预防欺凌方面起到重要作用的五个策略

如第 1 章所述，大多数学校现在都有相应的政策用以指导其应对欺凌行为。虽然这些政策的制定至关重要，但大多数专业人士、家长和孩子都不可否认的事实是：政策不会改变人，而只有人会改变人。那些遭遇社交困境的孩子并不会因为某项政策告诉他们应该去发展新的社交技能而有所行动；而那些喜欢支配和控制他人的孩子也不会因为看到海报上的某些规定而放弃他们的行为。另一方面，美国学术、社会与情绪学习协同会 2011 年的研究证实，接受过社会情绪能力学习的学生会表现出更高水平的亲社会行为，表现出更低水平的行为问题和情绪困扰；对学校和同龄人表现出更加友善的态度，在学业上表现出取得更高的成绩。总而言之，社会情绪能力学习能够营造出更加良好的教育和社会环境，使欺凌的可能性大大降低。

欺凌行为具有社会属性。因此，以提高孩子的社交和情绪能力为重点的欺凌预防项目是至关重要的。美国儿童委员会（The Committee for Children）在 2013 年列举了社会情绪能力学习中、在预防欺凌方面起到重要作用的五个策略。在这一节中，我将对每个策略进行定义和描述，并指出成年人可以教给孩子的具体做法和技能。幸运的是，现在专业人士和家长能够轻松获取关于社会情绪能力学习的大量资源。读者可以通过专业目录、大众书店，甚至是互联网，轻松获取根据儿童各种需求而开发和定制的有关社会情绪能力学习的课程资源。以下各节所述的活动指南都是可供孩子直接使用的，并且适用于各个年龄阶段的孩子。读者应当注意，下面所介绍的活动及相关策略为我们提供了一个与孩子们进行理性讨论的框架，并且在能够满足个人或小群体的个体化需求时最为有效。

情绪管理

所有的孩子都会有情绪，但有些孩子会被他们的情绪所困扰。事实上，孩子被愤怒、悲伤、恐惧或沮丧等强烈情绪所控制，以至于全身都做出反应的现象并不少见。我们都曾看到孩子们脸红、流泪、颤抖、挥拳、叫喊、攻击。孩子要想学会妥善管理自己的强烈情绪往往需要一个过程。对某些人来说，学会这项技能要比其他人花费更多的时间，并且需要更加明确的指导。

在这一策略中，社会情绪能力学习的重点在于提高孩子的自我意识，并教会他们在情绪变得难以控制之前，尽早识别出自己强烈情绪爆发的前兆。欺凌者和被欺凌者都需要管理压力和控制冲动的技能。情绪管理的学习也能帮助孩子学会自我安慰的技巧。情绪管理的学习能够促使孩子们主动向成年人寻求帮助、以积极有效的方式表达自身感受，而不是以对他人大发雷霆的方式表达内心的感受。

第 5 章 培养孩子的社交和情绪能力

通过情绪管理来预防欺凌的方法通常有如下几种。

- **创建一个"问题列表"**。写下所有可能让你感到沮丧、愤怒、悲伤或害怕的事情。与老师、家长甚至同学分享此列表。描述一下，你通常如何应对"问题列表"中每一项问题的发生。这种反应是有益的还是有害的？与同学、老师、兄弟姐妹或家长集思广益，想出更加有效的方法来应对困扰你的事情。

- **你怎么让自己放松**。大多数孩子很容易说出让他们感到不安的事情。但很多孩子发现，在紧张的情况下如何冷静下来是一件很有挑战性的事情。和朋友吵架后你如何放松？在 Facebook 上看到某个对你进行恶意攻击的帖子或是发现你的朋友都去参加聚会而没有带上你时，如何让自己平静下来？在冲突中被激怒并想要报复伤害你的人是很自然的事情，但这样做是欠考虑的。在愤怒中做出的反应总是会让情况变得更糟。在某一次压力事件之后为自己制订一个计划，告诉自己在做出反应之前，要如何冷静、放松，最后彻底平静下来。与父母分享这个计划，让他们都帮助你坚持下去。在冲突发生时让自己的头脑保持冷静总能使你处于有利的地位。

- **寻求帮助**。与朋友发生冲突时最难受的一点是自己感到很孤独。此刻，你可能会觉得没有人可以和你交谈，也没有人能理解你所经历的一切。你的处境或许是特殊的，你或许已经深陷其中。但事实是，你从不孤独。要提早识别出那些能够为你提供帮助的关键人物，防患于未然。这样一来，当你的大脑欺骗你，让你感到孤独时，你就不必那么费劲地想该找谁说话或是该去哪里了。你能和家长、邻居、学校的辅导员去倾诉。有时候和一个住得离自己很远的人交流也是有帮助的——一个亲戚可以客观地倾听你的情况、支持你，而不会让你感到被人指指点点或迫于压力去听从某些建议。当你向别人倾诉你的遭遇时，你会发现他们也有过类似的感受，也能理解你的遭遇。

培养同理心

同理心是一种能够站在他人的立场，理解他人在特定情况下是如何思考和感觉的能力。在预防欺凌这一方面，培养孩子的同理心非常重要，因为欺凌者经常会沉浸在欺凌行为给他们带来的社交"成功"当中（例如，增强自身的权力感和对他人的控制感、获取同龄人更多的关注、提高自身的社会地位），并无法感受到他们的欺凌行为而给受害者造成的影响。注重培养同理心的社会情绪能力学习起到了预防欺凌行为的作用，因为它能教会孩子们设身处地、换位思考，多考虑他人的感受，而不是把同龄人视为自己提高受欢迎度的棋子。有效培养同理心的活动将引导孩子们时刻关注他人的想法和感受。

下面是一项非常有效且简单实用的同理心培养活动，并且适用于所有年龄段的孩子，效果立竿见影。这项活动在互联网上广受欢迎，这要归功于一位睿智但不知名的教育者。

纽约的一位老师正在给孩子们上关于欺凌的课程，并组织孩子们展开了一次实践活动。她让孩子们拿出一张纸，把它揉成团，踩在上面，把它弄得一团糟，但不要撕碎。接着，她让他们打开纸，把它弄平，看看它有多脏，多么伤痕累累。最后，她让孩子们向这张纸道歉。老师指出，尽管孩子们说对不起，并试图修补这张纸，但伤疤仍然存在。她接着向学生们解释道，不管他们多么努力地去修复它，这些伤疤永远都不会完全消失。她说道："当一个孩子欺负另一个孩子时，就会发生这样的事情。他们可能会说对不起，但伤疤却始终存在。"从教室里孩子们脸上的表情能够看出，她的这堂课十分有效。

虽然网上对这项活动的描述到此结束，但由此衍生出来一项活动：让孩子们集思广益，列出一份行动清单，上面要包括在受害者遭受欺凌后，孩子可以采取哪些实际行动来帮助受害者。在第6章，书中提供了对旁观者进行事前、事中和事后干预的具体例子。而成年人需要明白的是，虽然言语会造成伤害（而一些精神创伤将会持续存在），但同龄人的善举和支持有着治愈的力量。

其他有效的、吸引人的、易于实施的同理心培养训练鼓励孩子们在单一的情况下采取多种视角看待问题。

- 对于较年幼的孩子，在真实的情景下进行角色扮演是一个好方法。首先孩子们需要站在某一个角色的立场上表达其需要和愿望。然后，在没有预告的情况下，让其转换角色，为他刚才所反对的角色辩护。接着问一些问题，鼓励孩子反思自己所扮演的每个角色的感受，以及角色的转换对于他更好地理解每个角色的观点都有什么帮助。
- 对于较年长的孩子，学习辩论技巧不仅会使其大学申请表的内容丰富起来，而且非常有利于让孩子学会辩证地看待事物。优质的社会情绪能力学习课程通常会把学术课程和社交课程结合起来。

让孩子学会有效倾听是培养同理心的关键。只有学会如何倾听他人，孩子（和成人）才能准确地了解另一个人的世界观。

要教会孩子辨别听到与倾听的区别很重要。尽管听觉是人的五大基本感官之一，但实际上，倾听并不是一种自然而然就能轻易掌握的技巧。我们首先可以和孩子们展开对话，通过下列问题让孩子们学会辨别被动的听觉行为和主动倾听过程之间的差异。

- 听到与倾听有什么区别？
- 从你的行为来看，你如何表现出你真的在倾听他人说话？
- 当你知道一个人能听到你的话，却没有真正倾听你在说什么时，你会有什么感觉？
- 你能举一个发生这种情况的例子吗？你在这种情况下做了什么？你继续说话了吗？你停止说话了吗？你有没有跟那个人说他们让你有什么感觉？你为什么这样做/为什么不这样做？
- 如果你在说话，有人马上插话分享她的观点，你觉得你真的被倾听了吗？你为什么这样认为/为什么不这样认为？

在孩子们有足够的时间探索听到与倾听之间的差异后，通过以下活动跟进讨论。

- 让孩子们两人为一组进行配合，分配扮演 A 和 B 两个角色。
- 让小组中的 A 花一分钟的时间告诉他们的搭档 B 一个故事（故事可以是关于任何事情的——可以是虚构的故事，也可以是真实的事件，重要的是让 A 说够一分钟）。
- 在第一轮倾听活动中，应指定 B 对搭档 A 做出不良的倾听行

第 5 章 培养孩子的社交和情绪能力

为。成年人可以提出具体的建议（例如，眼神交流不畅、打扰他人、用手机发短信）或要求 B 按照自己的想法，在倾听 A 讲话时显得漫不经心。

- 在这一轮倾听结束后，就 A 和 B 两人在这一回合中的感受进行讨论。例如：

  – 和 B 谈话是什么感觉？

  – 你怎么知道 B 没在听你说话？

  – 你想在时间还没到之前停止说话吗？

  – 你觉得 B 关心你吗？

  – 你对 B 的感觉如何？

  – 在 A 说话时，你表现得漫不经心会有怎样的体验？

- 接下来，安排一分钟的谈话。这一次，B 进行表达，而 A 做出良好的倾听行为（例如，良好的眼神交流、点头、俯身靠近 B）。

- 讨论良好的倾听行为会让每个人有什么样的感觉。可以提出下列问题：

  – 和 A 谈话是什么感觉？

  – 哪些行为表现出良好的倾听能力？

  – 良好的倾听让你感觉如何？

  – 你对 A 的感觉如何？

  – 在 B 说话时，你表现得聚精会神会有怎样的体验？

  – 良好的倾听有助于你从一个新的角度来理解 B 吗？

- 在活动结束时，就良好的倾听对人际关系产生的积极影响做出总结性讨论，重点在于讨论什么是积极的倾听过程。在此过程中，要教会孩子如何让别人感觉他的想法得到了倾听，他的感受得到了理解；同时，还要将培养同理心的内容内化在此次活动之中。

3. 解决问题和化解冲突

我们不应把创建一个没有欺凌的文化环境与创建一个没有冲突的环境相混淆。冲突是人际交往中的一个自然组成部分，人们之间的分歧会促使个人从多个角度、全面地考虑问题。预防欺凌的关键在于教会孩子解决问题的技能，帮助他们在尊重他人的前提下独立处理生活中不可避免的冲突。研究人员发现，在缓和冲突方面，以解决问题为导向的反应策略的有效性是攻击性、报复性或情绪化反应策略的 13 倍。

帮助孩子学会解决问题和化解冲突的策略包括以下几种。

- 寻找双赢的解决方案。孩子间的冲突通常是以"赢者通吃"的逻辑得到解决的。按照这种逻辑，一个孩子的所有需求都要得到满足，其他孩子则要失去一切。然而，这实际上是一种会产生更多问题的方法，因为强烈的情绪通常会在短期内导致新的冲突。让孩子练习制定双赢的解决方案，尊重并满足各方的利益、愿望和需求。学会妥协是一种生活技能，有助于孩子在波涛汹涌的社交动态中保持平稳发展。
- SODAS。在我的另一本书中，我为孩子们提出了一个方便记忆的解决问题的方法——SODAS[①]。这种方法鼓励孩子系统地定义问题情境，并通过头脑风暴法来思考所有可能的解决方案，然后指出每个方案的缺点和优点，最终遴选出问题的解决方案。SODAS这套方法既简单又具有分析性，其公式化的步骤易于操作，能够让孩子们感到有能力独立解决问题；同时，它内置的优缺点评估环节将指导孩子选出最好的解决方案。

- 将问题转化为解决方案。给欺凌你的人写信。在这封信中，不要把重点放在对方是如何伤害你的，而是要表明他的行为是如何激励你的。例如，如果这个欺凌者是某个不再和你说话的朋友，就告诉那个人他的行为是如何促使你去参与一个新的活动，加入一个不同的团队，并在新的地方寻找积极的友谊的；如果有人曾经威胁过你或对你进行过人身攻击，就告诉他你现在是如何学会保护自己，为他人挺身而出的。一旦你写完信，就把它放在一个特别的地方。这封信不需要寄出去，因为它和欺凌你的人没有任何关系。这封信全是关于你自己的，是对你的力量、你的韧性、你不可阻挡的精神，以及你可以把任何问题都转变成机会的能力的赞扬。

4. 展开充满自信的沟通

充满自信的沟通是指以一种口头的、不责备的、尊重他人的方式来表达自己的想法和感受。尽管以欺凌为特征的攻击性行为是对

[①] SODAS 分别对应的是 situation（情境）、option（选项）、disadvantage（缺点）、advantage（优点）、solution（解决方案）。——译者注

人际关系的破坏（因为它旨在伤害或贬低他人），但充满自信的沟通能够通过一种真诚、尊重他人的方式，帮助孩子建立起积极的人际关系。当孩子学会并能在生活中运用这种社交技能时，他们在与同龄人交往时就能更清晰地表达自己的观点，更能独立地解决冲突，抵御来自同龄人的压力，满足自己的需求，并与同龄人和成年人进行有效地沟通。

帮助孩子学会自信沟通的策略包括以下几种。

让孩子分辨出消极、具有攻击性的和充满自信的沟通风格

充满自信的沟通介于攻击性回应（会导致欺凌行为的进一步升级）与消极回应（表明某人渴望他人的认可、缺乏动力）之间，是一种不卑不亢的沟通、反应模式。如果欺凌者意识到被欺凌者不会对欺凌行为做出直接回应，那他就会变本加厉。我们可以通过下面的例子让孩子们思考哪种回应最能有效地抵消欺凌行为对自己的伤害。

艾比：你的衣服从哪里弄来的？清仓架上的嘛？

回应1：是的，我妈妈让我穿的。不过，我喜欢你穿的衣服。你总是那么好看。

回应2：我从你的衣橱里拿出来的，贱人。

回应3：够了，艾比。

下面是参考答案，以供讨论。

- 回应1：消极。第一种反应只会让欺凌者得到她想要的——权力感。在听到如此明显的贬损后，被欺凌者却称赞了艾比，然后彻底让步，似乎在说："再拒绝我一次，再伤害我一次。无

第 5 章　培养孩子的社交和情绪能力

论你说什么都可以,因为我非常渴望得到别人的喜爱。"
- **回应 2**:攻击性。第二种反应是在挑战艾比,使她的攻击性行为升级。不过脑子、羞辱性的回应会让自己与欺凌者继续产生冲突,还会使下一轮欺凌行为更严重。
- **回应 3**:自信。第三种反应是自信的,让艾比知道自己并不想成为受害者。这种回应既不寻求宽恕,也不对欺凌者构成挑战。这是一种简单而非情绪化的回应。

为什么要教导孩子做出非情绪化的回应?欺凌者往往是优秀的"心理学家",他们能从细微的线索中发现如何能使潜在的欺凌目标受到情绪上的影响。如果欺凌者发现了欺凌目标身上的某些弱点,那他就会意识到自己能够轻易地对欺凌目标施加影响。教孩子一些能够展现出自信的技巧(而不是用愤怒或恐惧来表达自信)能够减少欺凌者对他人施加控制的机会。

教会孩子如何做出有效的回应

当我还是个孩子的时候(直到今天依旧如此),我总是在事情发生 10 分钟后才能想出最好的回应方式。遗憾的是,对于那些和我有着同样遭遇的人来说,"迟到总比不到好"这句话并不适用于这个问题。事实上,比糟糕的回应更加糟糕的是在不恰当的时机做出貌似恰当的回应。出于这个原因,在欺凌事件发生之前,教给孩子们一些在面对讥笑时比较有用的回应语是大有帮助的。

心理学家利兹·劳格森(Liz Laugeson)表示,孩子们对讥笑的反应方式决定了他们将来被取笑的频率和严重程度。她解释说,那些善于社交的孩子在面对取笑时通常会这样做:让别人感觉他们并不会因为遭受了取笑而受到影响。要做到这一点，善于社交的孩子往往会对讥笑做出以下简短、不感兴趣、冷淡的回应：

- 随便；
- 当你说到有趣的部分时告诉我；
- 你是认真的？
- 你想说什么？

除了上面提到的这些回应，想要提供帮助的成年人可以通过一对一或小组的形式与孩子展开头脑风暴，想出一系列回应同伴讥笑的话语，这样就可以使取笑他人这一行为变得索然无味，降低孩子将来再次成为被取笑对象的可能性。在整理好一份清单后，利用角色扮演让孩子试着练习大声说出能够表现冷漠的各种回应语，并观察他人在自己假装漠不关心时的反应。孩子能够充分考虑和练习各种冷淡回应语的机会越多，他们在遭遇讥笑或欺凌时就越能运用这种技巧保护好自己。在下一节中，我们将讨论如何将自信的肢体语言与有效的回应语结合起来。

如何在沟通中准确无误地展现自信

自信沟通训练中的一个重要组成部分是教孩子如何使用肢体语言来强化他们的语言表达。我们可以通过角色扮演来教会孩子如何用这些简单的非语言交际的方法向别人传达他们所要表达的意思，通常包括以下方法。

- **使用平静、均匀的语调**。叫喊、咒骂或颤抖的声音会消减话语中所能传递的自信。

- **保持适当距离**。站在听得见对方说话的地方，但不要站在欺凌者的面前或退缩。
- **称呼对方时要明确叫出对方的名字**。这是一个展示自信的技巧，要让欺凌者知道他和你是平等的（势均力敌）。
- **直视某人的眼睛**。保持眼神交流是真诚、直接的情感交流的显著标志。

5. 建立友谊

对于正在上学的孩子来说，友谊为他们创造了强烈的归属感。社会情绪能力学习课程中的一项重要内容（特别是那些以预防欺凌为目的内容）是向孩子传授一些如何交友和选择益友的技能。在本节中，就如何帮助孩子建立良性的友谊，我们将对一些彼此相关但又各有不同的技能进行探讨。

如何交友

对许多孩子来说，交友就像呼吸一样自然，但对另一些孩子来说，与同龄人的交往却是一件十分苦恼的事。正如第 1 章所指出的，患有孤独症的孩子往往发现自己融入社会群体特别困难，这会使他们陷入孤立，并容易受到欺凌。我们知道，长期受到同龄人的排斥会让孩子失去与同龄人进行良性互动的重要机会，同时也剥夺了他们习得有效的社交技能，以获得社交支持的机会。因此，受欺凌的孩子会发现自己处于一个遭受同伴拒绝、社交回避和孤立无援的恶性循环中。

有针对性的社会情绪能力学习可以非常有效地帮助那些在社交问题上苦苦挣扎的孩子。同时，要谨记一点：社会情绪能力学习的受众并不局限于被欺凌的孩子，它也不是教孩子"正常行事"，以免他们受害；相反，有效的社会情绪能力学习课程往往是具有综合性的，它面向所有学生，能够帮助孩子培养、管理各种社交技能。

如何选择益友

有时候，社交技能匮乏与孩子是否会成为欺凌目标无关。雷歇尔·西蒙斯（Rachel Simmons）在《奇怪的女孩》（*Odd Girl*）一书中指出，欺凌行为通常是在特定环境下发生的，而且往往是在特定同辈群体中发生的，与欺凌目标的任何个人特征无关。例如，一名在班级里总是受到伤害的女孩可能会发现，自己能够在篮球队友那里得到更多的尊重和接纳；反之亦然。

帮助孩子们"广撒网"

在学校里，孩子们有时很难与同伴建立深厚的友谊，这种现象并不少见。校园内社交地位的竞争可能非常激烈，许多孩子会选择欺凌同龄人，以此来提升他们的社交地位。在这种校园文化中，"你死我活"的零和博弈大行其道。对于身处这种环境中的孩子来说，成年人能做的最简单但最有效的事情之一就是为孩子们在校外提供一些与同龄人建立积极关系的机会。无论是专业人士还是家长，都可以帮助孩子们"广撒网"，可以帮助他们在社区、团队、俱乐部、青少年组织或艺术团体中寻求友谊。在此过程中，成年人能够让孩子接触到许多同龄人群体，并建立各种各样的友谊。在孩子与同龄人建立良好的联系、保持积极友谊的过程中，成年人将扮演关键角色。

第 5 章　培养孩子的社交和情绪能力

教会孩子辨别什么是真正的友谊

除了教会孩子在哪里寻找积极的友谊之外，成年人还应教会孩子如何辨别什么是积极的友谊，这种能力将使孩子受益终生。在孩子年幼时，他们在友谊的选择上往往是直观的。他们在决定和谁玩的时候有一些基本的原则，如谁和自己喜欢相同的游戏和玩具、谁对他们好等。然而，随着孩子年龄的增长，社交环境变得更加复杂，寻求友谊的动机也随之改变。单凭社交地位来选择朋友的现象在小学高年级学生和中学生之中并不少见。

孩子们的逻辑是这样的："她很受欢迎，所以如果我能成为她的朋友，我也会很受欢迎。"

孩子们进而会产生这样一种推论："别人都认为她不受欢迎。虽然我喜欢她，但如果我花时间和她在一起，人们就会认为我是个傻瓜，所以我不会再和她说话了。"

甚至有人为了维持一段友谊宁愿忍受别人对自己的伤害，他们会说："她对我真的很刻薄。她侮辱我，总是在朋友面前取笑我，但如果我不和她在一起玩，我就没人可以一起玩了，所以我只能忍受她对我的态度。"

孩子们在步入青春期后可能会渐渐失去他们幼年最初成为朋友时的童真，这是一个悲哀的事实。对许多人来说，他们需要多年的时间来重拾最初的交友准则——根据人的品质而非社交地位来选择朋友。然而，成年人可以在孩子择友，以及遏制"损友"对孩造成伤害等方面发挥作用。

社会情绪能力学习与促使孩子们感受到被同龄人接受和接纳有着千丝万缕的联系。只有在真正感受到自己被同龄人接纳时，孩子才会重新体会到真正的友谊应该是什么样的。专业人士和家长可以通过与孩子对话，探讨什么是真正的友谊，从而促进孩子洞察力的养成，建立起真正的友谊。

一个帮助孩子辨别真正友谊的小妙招：填句子游戏

我们可以在家里的餐桌旁，在学校的课息时间里，或者在车里（和孩子交谈的好地方），把关于这一话题的讨论变成一个填句子游戏，句子的框架为"当一个人……时，他会是我的朋友"。如果孩子有正确的择友观，那么他一般会用以下的句子进行填补：

- 对我很好；
- 愿意与别人分享；
- 会用语言告诉我她的感受；
- 会倾听我所说的话；
- 会和我一起笑（不是嘲笑我）；
- 会帮助我；
- 会带我玩；
- 不会因为我和其他人成为朋友而感到不爽；
- 在我需要他的情况下会陪在我身边；
- 关心我所说的话和我的感受；
- 鼓励我并让我感觉良好；
- 会为我挺身而出；
- 让我感觉与他待在一起会很有趣；
- 和我有很多共同点。

当然，清单上的答案会因孩子年龄的不同而有所变化，但健康友谊的实质内涵在大多数年龄段都是一致的。当成年人花时间引导孩子们选择具有以上这些品质的孩子当朋友时，他们会让孩子们感受到强大的社会支持，并从令人感到痛苦的伙伴关系中解脱出来。

练习：判断你的孩子需要什么社交技能

那些在社交问题上苦苦挣扎的孩子需要成年人的指导，来提高与同龄人接触和建立友谊的技能。想想你认识的一个很难交到朋友的孩子，列出这个孩子的优点和面临的挑战。下面为你提供一些思路。

- 他是否对某一学科特别感兴趣，比如动物学或科技？
- 他是否喜欢一种特定的活动，比如荡秋千、游泳或听音乐？
- 他在与别人交往的方面会遇到哪些特殊的挑战？

综合考虑这个孩子所具有的独特优势及其所面临的挑战之后，你认为他将从哪些社交技能中受益？先确定孩子最需要哪些技能，列出两三个，然后思考如何将这些技能的教授过程融入课堂或孩子的日常互动中。

现在，假设有个孩子非常善于社交，并且在同伴交往中体现出操控他人的倾向。这个孩子可能会选择将欺凌作为一种满足他的权力欲望、操控他人的手段。你需要将其控制他人的欲望转化为一种能力——领导力。你会教给这个孩子什么样的社交技巧来强化他的这种能力，并将这些技巧引入同理心、同情心和正向领导的练习当中？

当一个孩子依恋一个"损友"时,你会怎么做

在孩子比较小的时候,如果孩子邀请同伴来家里玩耍、开派对,父母就会花上几个小时为孩子布置场地、做准备。专业人士会让孩子们结对玩耍并观察他们的伙伴关系。成年人是培养孩子积极社交关系的"护理师",也有些人称他们为孩子交友路上的"导航员"。当孩子陷入一段会对自身造成伤害的友谊且无法脱身时,家长就需要进行干预了。那么,家长应该如何做呢?

那个曾经自信、快乐的孩子现在正焦急地、执着地试图取悦一个通过伤害他人的方式来对同伴进行控制的"朋友"。当孩子最好的朋友开始表现得像一个"恶霸"时,你应该怎么做?在展开进一步的行动之前,你需要花点时间思考一下:当孩子与同龄人交往遇到困境时,你是否知道何时才是出手干预的正确时机,以及你需要做什么或说什么才能帮助她渡过难关。

如何帮助孩子结束一段会对其造成伤害的友谊

专业人士和家长不必苦苦寻找那些致力于提高孩子交友技能的社会情绪能力学习课程资源。一些书店和网站早已为我们提供了一些唾手可得的有趣方法,以教导孩子养成亲社会行为。当成年人始终如一地实施他们获取的策略时,他们将发现其中许多策略都是非常有效的。然而,至于如何指导孩子结束一段会对他们造成伤害的友谊,相关课程却是难以找到的。孩子很难接受自己的朋友已经变成了一个欺凌者的事实,但要想在摆脱这段友谊的同时又不给自己的生活带来剧烈的波动,单靠孩子自己的力量是不可能实现的。

第 5 章　培养孩子的社交和情绪能力

下面是一则真实的案例。一名高中生向学校的一位心理辅导员倾诉了她在与同龄人交往时遇到的困境。然后，辅导员给了她几点建议，告诉她如何体面地结束一段对自己造成伤害的友谊。

学生：我邀请尼基参加我的毕业派对。她人一到，就开始取笑参加派对的每个人和每件事。她告诉我，在我邀请的其他女孩中有一个是废物，我最好小心，否则其他人会认为我也是废物。她说我的毕业礼服"很难看"。我向她解释说这是我妈妈亲手做的，我也不太喜欢，但觉得还是必须得穿。于是，她就开始告诉大家我太穷了，买不起衣服。当我不做她想让我做的事时，她又对我颐指气使，并且开始给我们的另一个朋友发短信，告诉她我的派对有多糟糕。

我忍受了很长一段时间，但最后我告诉她这样做很不好，她要么停止，要么离开。她只是笑着说："你今天太敏感了，你开不起玩笑吗？"

第二周周一我在学校见到她时，她表现得好像什么都没发生过。这不是第一次发生这样的事情了，尼基一直这样对待我。我不知道该怎么办，但我不想和这样对待我的人做朋友。

辅导员：当他人辜负、伤害我们时，我们心里肯定不好受。我们都很看重我们的友谊和归属感，有时很难意识到朋友可能不会再像以前那样对我们那么好了。你能够承认你不喜欢尼基对待你的方式证明你已经开始变得成熟了，你能来和我说这些也需要很大的勇气。我为你感到骄傲。

学生：谢谢。我以为你会叫我回教室自己解决。我的这些想法真的很愚蠢。

辅导员：你的感受是真实的。这些想法并不愚蠢，你也不需要自己处理这件事。真正愚蠢的做法是试图忽视这件事，或者表现出好像这件事无关紧要。最重要的是，你要一直和那些认真对待你的感受的人待在一起，无论是我还是学校的其他工作人员，抑或是你的父母，甚至是……是的……你的朋友。你曾试图告诉尼基你对她在派对上对待你的方式很不满意，但她却告诉你"你太敏感了"。换句话说，她没有把你的感受当回事。你不想从朋友那里得到这些感受是很正常的。远离那些不尊重你的人，这对你来说是件好事。

学生：我完全不想再和她说话了！

辅导员：我想让你记住的是，你离开尼基的方式很重要，这会展现出你是什么样的人。要体面地结束这段友谊，不要和她陷入口水战，然后半道歉似地说你"只是开玩笑"，那只会让你变得和她一样。同时，要克制住自己，不要当面、在网上、通过短信或以任何方式、渠道向你的其他朋友说她坏话。不要把过多的精力放在她身上，把你的注意力转移到你生活中其他重要的事情上，转移到那些能让你自我感觉良好的友谊和活动上。想一想，当你感觉自己状态很好时你正在做什么，你正和谁在一起，然后对你的生活做出相应规划。这个过程可能不是一帆风顺的，但如果你能处理好这一切，你就将让自己摆脱困境，找到更好的朋友，并且发现在离开尼基后生活如旧。

辅导员先是认真倾听了这位学生的遭遇，并对该学生的成熟表现做出了肯定。随后，她告诉这位学生她的权利应该得到保障、理应受到尊重，并提出了切实可行的建议——要体面地结束这段友谊。

通常，当案例中这样的学生长大成人时，他们好像知道自己要做什么，但又不确定如何去做，或者缺乏凭借自己的直觉迈步向前的信心。成年人对孩子直觉的认可对于帮助孩子走出困境非常重要。在本案例中，辅导员告诉学生需要摆脱这段对她造成伤害的友谊，并且教给了她如何体面地结束这段友谊的方法。

保持克制：不要说朋友或"损友"的坏话

还有一点非常重要——不要让孩子毁谤那些已经被他们"拉黑"的朋友，就像前文案例中的辅导员所做的那样。孩子们的伙伴关系会不断地重新组合。孩子们在气头上说出的互相诋毁的话语可能会对他们造成长期的伤害。同样，当成年人参与到孩子间的"骂战"后，一旦孩子们又和好了，成年人可能就会发现自己已经失去了孩子们的信任。为了达到最佳效果，成年人需要始终与孩子进行开放的对话。

应当让孩子花多少时间参与到社会情绪能力学习中

在以学业成绩为主导的校园文化中，人们往往在生活中争先恐后地去完成永无止境的任务清单，而花多少时间来培养孩子社交和情绪能力俨然成了一个重要的问题。然而，这个问题的答案并不明了。当然，仅靠书中的某一段文字并不能让读者深刻地体会到要让孩子学会任何一项新的社交技能，成年人将要付出多大的努力和耐心，需要花费多长时间。我们并不奢望孩子们能在一堂小组课或一场简短的校园讲座上掌握抽象而复杂的社交技能。

愿你被世界温柔以待

学习如何与人交往是一个终生的过程，值得孩子们长期内不断学习。好消息是，社会情绪能力学习不必单独进行，也不必像学习其他必修课一样花费大量的时间。正如我在前面所提到的，优质的社会情绪能力学习课程可以很容易地融入常规的教学中。对成年人来说，与其急急忙忙地让孩子参与社会情绪能力学习，然后在无法迅速掌握新技能的情况下就轻言放弃，不如保持耐心、持之以恒，并对孩子们在与同伴互动的过程中所犯下的错误表示宽容，这才是明智之举。

对学校的一些忠告

尽管公共教育对学生施加了巨大压力，要求他们在标准化考试中表现出色，但没有研究证据表明，优秀的考试成绩能使孩子在成年后取得更好的综合成就。此外，有充分的证据表明，拥有良好的社交技能将使孩子在上学期间和之后的人生中得到更好的发展。从孩子入学最初的几年到高中毕业，将社会情绪能力学习纳入学校的课程是一种行之有效的方法，学校可以通过这种方式教给孩子一些关于应对欺凌和人际交往的必备技能。

💡 培养孩子社交和情绪能力的10项实用性策略

1. 让社交技能教学成为学校课程和孩子日常互动的一部分。
2. 当孩子们对彼此表现出过激行为时，教育他们，而不是惩罚他们。

3. 教育孩子在待人接物时要尊重他人,并让他们长期保持这种行为习惯。
4. 与学校里的学生交谈,探寻一下他们认为什么对终结欺凌最有帮助,什么对终结欺凌最没有帮助。
5. 利用角色扮演来帮助孩子们练习如何使用具有说服力的肢体语言、自信的措辞、公正中立的语调和其他有效的沟通技巧。
6. 让孩子们参与谈论什么是积极的同伴关系。
7. 强化孩子们在应对欺凌所造成的焦虑和悲伤时所需要的技能。
8. 告知孩子们,他们在如何表达情感方面是具有选择权的。成年人需要在如何表达愤怒这个方面为他们提供相关指导。
9. 培养孩子的课外兴趣,帮助他们与同伴建立积极的友谊,体验真正的快乐,在社交中建立信心。
10. 在进行自信的情感表达、解决问题和化解冲突方面为孩子做出榜样。

第 6 章
将旁观者转变为"盟友"

8 Keys
to End Bullying
Strategies for Parents &
Schools

第6章 将旁观者转变为"盟友"

在我的职业生涯早期,我曾是一家康复治疗中心的治疗师。在那里,我曾遇到过一些遭受过严重欺凌的青少年,而且他们遭受欺凌的时间相当长。这些十几岁的孩子所经历过的折磨甚至超过了大多数人一生所遭受的痛苦。

然而,当孩子们遭受欺凌后被惹怒到极点或绝望到极点时,他们的同伴往往对此置若罔闻,这让我非常震惊。有人会认为,孩子们在经历过重大精神创伤后会对人生道路上所谓的"小插曲"产生"抗体",我也曾这样认为。但事实证明,这些被欺凌者所遭受的创伤往往比我们想象的要严重得多。我曾接诊过一名15岁的男孩。一天下午,在放学回家的路上,他在公交车上遭遇了欺凌,那次经历令他刻骨铭心。

我记得有一天,这个孩子从校车上下来的时候显得特别安静。他平时很能折腾,但今天,他完全变了一个人。他没有像往常那样,下午放学回来就狼吞虎咽地吃零食,而是静静地坐在那里,等待下午茶歇时间结束。我记得当时他狠狠地咬着自己的嘴唇,嘴唇被咬出了一个伤口。当我问他是否想从自己所在小组离开时，他几乎是跑着回到了自己的房间。我给了他五分钟的独处时间，然后敲了敲他的门，看看他是否还好。我以为他会把房间弄得底朝天——衣服被揉成一团，桌椅板凳被掀翻。对于他来说，通过毁坏物品的方式来宣泄情绪是再正常不过的反应了。然而那天下午，我却发现他坐在整洁的床上，双手抱着头，泪流满面。他发现我看到他正在哭泣，起初他很尴尬，但后来又示意我留下来。

当我问他怎么回事时，他很坦率地告诉了我事情的经过。公车上的孩子们又在开他的玩笑，取笑他没有女朋友，说他是同性恋。但最糟糕的是，他在完全崩溃之前对我说："基斯就坐在我旁边，但他却一言不发，任凭他们侮辱我！我以为他是我最好的朋友。"

在那之后的20多分钟里，他一度伤心欲绝。他哭的时候我一直和他坐在一起。我看得出来，他需要发泄。值得注意的是，他已经来到康复治疗中心六个月了，我从来没有见过他这么伤心过。这个孩子曾遭受过难以想象的痛苦——自我丧失、虐待、暴力……朋友的背叛是压死骆驼的最后一根稻草。在这次谈话中，他在直面创伤、表达自己的情感方面取得了突破性的进展，具有里程碑意义。但除了治疗上的突破，我永远不会忘记基斯的不作为对这个孩子造成的影响。因此，我永远不会忘记，同伴的态度对于遭受欺凌的孩子所造成的影响（有好有坏）有多么巨大。

为什么同伴会袖手旁观

研究表明，在每 10 起欺凌事件中，有 9 起都有同伴在场。但在这些同伴之中，选择出手相助的同伴连 20% 都不到。然而，如果同伴能够站出来制止欺凌，欺凌行为就会在 10 秒内停止，有时甚至连 5 秒都用不到。想象一下，如果大多数同伴都能在欺凌即将发生时站出来进行干预，这会对降低欺凌事件发生的概率产生多么大的影响。作为成年人，我们有义务想方设法让旁观者在遇到欺凌事件时能够挺身而出。

多年来，有很多关于"旁观者效应"的研究——当紧急事件在人们的面前发生时，原本善良、有爱心的人却选择视而不见。妨碍同龄人对欺凌行为进行干预的原因有很多，通常包括以下几个原因。

责任分散效应

责任分散理论认为，如果一个人认为别人会在出现麻烦的情况下出手相助，那么这个人往往不会再选择介入、实施帮助。在学校和其他团体环境中，孩子通常认为成年人会干预欺凌行为。因此，他们往往会选择作壁上观。

当然，这一理论的问题在于，大多数欺凌行为都不是在成年人面前发生的。正如我们在第 1 章中看到的那样，多达 96% 的欺凌事件无法被成年人察觉，这与前文提到的一个事实形成了鲜明对比——几乎在 90% 的欺凌事件中都有同伴在场。事实上，在很多情况下，正是由于同伴的在场才助长了孩子欺凌他人的欲望。因为欺凌者认为，欺凌行为可以博取同伴的关注，加强自己的权力，提高他们在同伴间的地位。

因此，必须教育孩子不要指望别人来对欺凌行为进行干预，而是要让他们明白制止欺凌是他们义不容辞的责任。在之后的章节中，我将介绍一些切实可行的方法，来帮助孩子完成这项艰巨的任务。

害怕自己成为下一个欺凌目标

孩子们不去对欺凌行为进行干预的一个最常见的原因是：他们害怕帮助别人会导致自己的幸福生活受到影响。就像儿童游戏山丘之王①（King of the Hill）一样，欺凌者经常会把任何威胁到他们地位的人"推下去"。正如芭芭拉·科罗索（Barbara Coloroso）在《欺凌者、被欺凌者和旁观者》（The Bully, the Bullied, and the Bystander）一书中指出的那样，孩子能够敏锐地意识到，欺凌者会马上对任何试图干预欺凌的孩子进行打压和中伤。

害怕得罪朋友

经常发生的情况是，一个孩子亲眼看见自己的一个好朋友对他人进行了欺凌，虽然她心里知道朋友的所作所为是错误的，但她对

---

① 山丘之王是一种儿童游戏。游戏规则是：让一个孩子站在土坡上，这个孩子被称为"山丘之王"，而其他玩家要想方设法把"山丘之王"从土坡上推下来，取而代之成为新的"山丘之王"。——译者注

自己该怎么做感到很苦恼。她可能会为自己辩解道:"我不喜欢她的所作所为,但她仍然是我的朋友。""不要得罪朋友"的想法在这个孩子的脑海里占了上风,于是她决定不对欺凌行为进行干预。对于女孩来说,"避免与朋友发生冲突"的压力尤其大。帮助孩子找到克服这种压力的方法,并教会他们如何在与朋友相处时能够坚守自己的底线,是成年人对欺凌行为进行干预的一个重要策略。

和受害者没有交情

有时候,旁观者非常确定他们所目睹的欺凌行为是不道德的,应该被制止。但他们会为自己辩解说,被欺凌者不是他们的朋友,或者他们几乎不认识受害者,所以他们没有义务出手相助。这种小心思与责任分散效应有关。旁观者认为,受害者的朋友可能会介入,所以自己可以选择作壁上观。

无助感

在第1章,我们注意到,在对欺凌行为进行干预时,成年人常常感到无助,他们认为自己缺乏制止欺凌的知识和技能。孩子更是如此。现在的孩子甚至比以往任何时候都更加了解欺凌的危害性——他们可以从学校、父母以及(社交)媒体那里获取这类信息。但是关于有效干预欺凌的具体方法,并非是孩子们可以轻而易举得到的。

如何制止欺凌行为是预防欺凌安全教育中的一个重要议题——对成人和孩子来说都是如此。在第3章中,我们讨论了成年人可以用哪些短句来对欺凌事件当场进行干预。在本章后面,我们还将介绍一下适合不同年龄段孩子使用的有力措辞，以便孩子们可以在看到欺凌行为的时候可以制止欺凌行为的发生。

练习：想一想，是什么阻止了你干预欺凌行为

我们大多数人都经历过这样一种情况：我们目睹了坏事的发生，却没有及时干预、制止它。不妨想一想下面这几个问题：

● 关于要不要对欺凌进行干预这个问题，你为什么犹豫不决？

● 如果你能回到过去，重新经受这段经历，你会有不同的表现吗？

● 你会采取什么措施来帮助受害者，对欺凌行为进行干预？

这对成年人来说是一项重要的练习，因为它为成年人提供了一个站在孩子的角度思考的机会，能够让他们体验一下，由一个旁观者蜕变为一个敢于为同伴挺身而出的"盟友"需要多大的勇气。

旁观者在目睹校园欺凌时会产生哪些消极情绪

总而言之，目睹过欺凌行为的孩子会体验到无数不愉快和矛盾的情绪：因为自己没有成为被欺凌的对象而松了一口气，但同时会因为自己没有采取任何行动来制止欺凌而感到内疚；对受害者感到同情，但害怕与朋友针锋相对；会因为其他人都没有对欺凌进行干预而愤怒，但又非常困惑，不知道该说些什么或做些什么来改善当前的情况。

如何能帮助孩子在面对欺凌时感到自己会发挥强大的作用，而不是被前面提到的那些消极情绪所困扰呢？如果孩子们相信他们的行为会产生重大影响和积极结果，他们的干预率会得到怎样的提高？欺凌行为是否会被迅速制止？

让旁观者感到自己有足够的力量来帮助弱势群体、成为他们的"盟友"，是终结欺凌行为的关键，也是本章余下部分的重点。

把旁观者变成"盟友"

为了让孩子能够代表受欺凌的同龄人出面调停，学校工作人员和家长必须首先帮助孩子克服那些阻碍他们对欺凌进行干预的消极情绪和顾虑（见上文）。重点是，我们要确保孩子做到以下几点。

- 树立"制止欺凌从我做起"的意识。要让他们意识到出面干预是他们的义务，而不只是其他人的责任。
- 在心里与受害者建立"同盟关系"。不管受害者是不是自己的朋友，旁观者都必须同情受害者，并相信受害者本不应该遭受这些欺凌。
- 要明白冲突是生活的一部分。孩子们可能不愿意出面制止朋友的欺凌行为，但他们也必须对他们的友谊有信心，相信他们的友谊能够经受住考验。
- 当他们看到欺凌行为时要知道如何使用充满自信的言语沟通来阻止欺凌行为的发生。
- 相信他们的干预会对受害者产生积极的影响，且只会对自己产生微小的（或至少是可控的）负面影响。

> **练习：你能做些什么来帮助孩子克服障碍，对欺凌行为进行干预**

针对上面所列出的每个阻碍孩子干预欺凌行为的因素，至少想出两个具有创意的方法来帮助孩子克服障碍。把这些策略写下来，并制订实施计划。

例如，为了消除责任分散效应的影响，可以举办一场全校范围内的竞赛，要求每个学生创作一个原创的口号，阐述一下他在制止校园欺凌方面能够起到什么作用。鼓励孩子尽可能地发挥他们的创造力，在海报板上展示他们的口号，将口号画在T恤上，甚至可以给口号谱曲。

我在给学生做欺凌预防演讲时经常会组织他们参与这项活动，它所激发出来的创造力是惊人的。我用来激励孩子们的一个口号是：绝不对欺凌袖手旁观。多年来，孩子们产生了许多奇思妙想，这证明他们已经逐渐知晓自己有责任制止欺凌。以下是孩子们创作出的一些比较棒的口号。

- 终结欺凌，从我做起。
- 停止欺凌！每个人都应该站出来。
- 想要朋友吗？与人为友，帮助朋友。
- 勇敢介入，制止欺凌。
- 打破沉默，大声对欺凌说不！
- 世上没有无辜的旁观者。

神经学对旁观者的挺身而出有何促进作用

神经学研究的最新进展为我们提供了一个令人信服的论据，揭示了将旁观者转变为"盟友"这种策略非常有效的原因。从神经学的角度来看，旁观者是否能够对欺凌进行干预关键在于两种神经递质：多巴胺（dopamine）和 5- 羟色胺（serotonin）。多巴胺是一种神经递质，对大脑的许多功能都能起到非常显著的影响，包括奖励、行为、情绪和学习功能。研究显示，孩子在欺凌同伴时，体内的多巴胺会急剧增加。多巴胺的激增激活了大脑的奖励中枢，让孩子感到自己很强大。

站在成年人的角度，我们希望孩子感到自己很强大。自信和自我效能感是所有孩子都不可或缺的终身品质。但我们希望孩子们通过善行和善举来获得这种感受，而不是通过歧视、嘲笑或操纵他人来实现这一目的。好消息是，所有孩子的大脑都能分泌多巴胺，而不仅仅是那些欺凌别人的孩子。当旁观者干预、阻止欺凌行为时，他们体内的多巴胺也会激增，因为他们阻止了欺凌事件的进一步恶化。

5- 羟色胺是大脑中的第二种能够促使旁观者对欺凌进行干预的化学物质。5- 羟色胺有时被称为"快乐荷尔蒙"，它有助于提振情绪、缓解紧张和压力，并创造一种普遍的幸福感。研究表明，每当一个人做了一件善事，大脑就会产生 5- 羟色胺。当旁观者代表被欺凌的同伴对欺凌行为进行干预时，他们的善行会因为大脑中这种让人感觉良好的化学物质的激增而很自然地得到强化。

神经学领域的大量研究已经向我们证明，大脑是具有奖励机制的。专业人士和家长只需要向旁观者提出恰当的问题即可，如你需要获得哪些必要的技能来阻止欺凌行为？

旁观者对欺凌的现场干预

如上所述，研究表明，当旁观者介入制止欺凌行为时，欺凌行为通常会在 10 秒钟内被制止。不管旁观者在干预欺凌时使用的具体言语是什么，基本上都能达成上述结果。换句话说，孩子能否让事态发生预期的变化，并不在于他们如何对欺凌行为进行干预，而在于他们是否进行了干预。让孩子们知道他们的表态可以起到很大作用，会对孩子产生非常大的积极影响，其影响远远不止预防欺凌这么简单。让孩子知道他们的话语有多么重要，对于他们而言是最好的礼物。

然而，在欺凌事件的高压下，大多数孩子或多或少都失去了一些理性思考的能力。他们可能会经历激烈的思想斗争，在恐惧中动弹不得，或者做出逃跑的行为来完全规避这种情况，很少有人能够在欺凌现场镇定自若，能在危急时刻果断做出正确的决断。这就是为什么在欺凌事件发生之前，帮助孩子准备好一些用于回应欺凌行为的常用语脚本是如此重要。在欺凌事件发展到最激烈的时刻，一个做足准备的孩子不会绞尽脑汁地琢磨自己到底说些什么才能有效制止欺凌，而是会脱口而出。

孩子可以使用一些"欺凌禁令"来对欺凌行为进行干预。所谓"欺凌禁令"就是用于制止欺凌行为的简明扼要的话语。旁观者可以使用以下欺凌禁令，有效地对欺凌进行干预，例如：

- 别这么说，这样太刻薄了；
- 住口，别再讲下去了；
- 这样做很不好；
- 你太过分了，立即停止。

我要向孩子们强调：制止欺凌行为的措施并不需要很复杂，不会消耗很多时间，也不用经过预先计划。最有效的干预措施往往是最简单易行的，你只需用简短的话语对欺凌行为表示反对，始终如一地释放善意，在日常生活中遇到欺凌事件时敢于挺身而出。

对旁观者进行事前和事后干预

促使旁观者主动对欺凌行为进行干预的策略之一是让孩子意识到立即介入所能产生的积极影响。专业人士和家长要让孩子们意识到，在欺凌事件发生之前，甚至在欺凌事件发生之后，向被欺凌的孩子伸出援手，都会有巨大的积极影响，这对孩子来说非常有益。在这两个时间段内，关键是要向同伴提供支持和陪伴。

事前干预

由于欺凌事件具有重复发生的特点，所以具有洞察力的孩子通常可以预见到欺凌事件的发生。例如，一个孩子也许能够相当肯定地预测，如果一名同学在回家的公交车上经常被欺负，那么他在跟随班级去参观距离学校 25 英里[①]的历史地标的路上，将会面临一段艰难的旅程。孩子可以学习主动接触易受欺凌的孩子的技巧。在可

---

① 1 英里 ≈1.61 千米。——译者注

能发生欺凌之前，可以采取一些行动，比如搭乘公交车时主动与易受欺凌的孩子坐在一起，或者提醒细心的成年人采取类似的预防措施。

在第 1 章中，我们看到了关于赖利的真实案例，这个女孩在操场上被亚达和丽莎欺凌，但当她以身体攻击回击时，却被成年人指责为攻击者。在欺凌刚发生时，赖利、亚达和丽莎的大多数同学都清楚地察觉到了欺凌行为的存在，但没有人愿意介入。当被问及他们在"围巾事件"发生前的四天里为什么不做些什么来阻止这种欺凌行为时，同学们都各自做出了不同的解释：他们不是赖利的朋友；他们认为操场上的其他人会介入、阻止亚达和丽莎；他们不知道该怎么做才能阻止这种事件。

在整件事情被弄清楚之后，学校的教职人员就可以把这种情况作为一则教育孩子的案例。成年人要让孩子明白，当他们意识到欺凌即将发生时，应该主动告诉欺凌者停止这种行为；要警示、告知成年人他们听到了什么；对被欺凌者伸出援手，使其感到受到了保护、关心和支持。就赖利而言，在欺凌事件发生之前，一个很有效的干预措施就是让某位同学主动邀请赖利在课间与自己一起玩。这样赖利就不会那么容易引起亚达和丽莎的关注，也不会那么容易受到她们的反复操纵。

练习：想一想，你会鼓励孩子运用哪些社交技巧来制止欺凌

如果亚达和丽莎的同学无意中听到她们二人的计划，或者无意中在操场上看到她们在羞辱赖利，你会鼓励她们使用什么样的方法去制止欺凌呢？

第 6 章 将旁观者转变为"盟友"

事后干预

虽然不可能总是预见到或阻止欺凌的发生,但富有同情心的旁观者可以做很多事情来减轻被欺凌者事后遭受的痛苦。你只需花点时间和精力跟一个被欺凌的孩子谈谈,在他经历了痛苦的遭遇之后,你可以和他说些类似这样的话:"不要理睬那个人,他对每个人都是那样的。"这样能够有效地提醒被欺凌的孩子,他是能够得到其他人的支持的,不应该受到欺凌。当旁观者对欺凌行为进行干预并成为被欺凌者的"盟友"之后,不妨邀请被欺凌的孩子与自己的朋友共进午餐或参与其他的社交场合,让被欺凌的孩子相信:自己再也不会孤单了。在发生欺凌事件后,同伴还可以通过下面这些话,帮助被欺凌的孩子走出困境。

- 遇到这种事,我真替你难过。
- 你本不该经受那些。
- 我想你应该把刚才发生的事告诉史密斯老师。如果你愿意,我和你一起去。
- 我把刚才发生的事告诉史密斯老师了,你不介意吧?我明白你或许会有些顾虑,但她应该知道这件事。
- 我就在这里。如果再发生类似的事情,你随时都可以来找我。
- 从此刻起,在吃午餐时 / 坐公交时 / 课间休息时 / 放学后,你可以和我以及我的朋友一起出去玩。

> **练习：想一想，如何让旁观者进行有效干预**

专业人士和家长可以利用下面的活动来思考如何让旁观者成为受欺凌者的"盟友"；也可以鼓励孩子想出具体的策略来干预欺凌行为。

对于下面的每个场景，至少列出三种旁观者可以用来对欺凌进行有效干预的方法。想一想，在欺凌事件发生之前，在欺凌事件发生的现场以及欺凌事件发生之后，可以使用哪些方法来制止欺凌或减轻被欺凌者的痛苦。

情景 1

杰西很生克丽丝的气，她认为克丽丝和自己的男朋友调情了。杰西不想和克丽丝对质，因为她认为克丽丝会否认这件事，而且她担心无论自己说什么都会让她的男朋友生气。杰西转而以克丽丝的名义注册了一个假的 Instagram 账号，在上面发布各种各样会令克丽丝难堪的照片。然后杰西召集其他朋友在这个账号的评论区下面发布照片、留言，谈论他们如何讨厌克丽丝，以及她是一个多么差劲的人。这个页面很快就引起了关注，整个高中似乎都知道了这件事。

在这种情况下，旁观者应如何干预，成为克丽丝的"盟友"？

情景 2

从学校乘公共汽车回家的这段路程令达雷尔胆战心惊。每天，坐在他后面的孩子们都会拍他的后脑勺，坐在他前面的孩子们都会转过身来冲他大声说脏话。他们嘲笑他，对他说"你还能干点什么，向你妈妈哭去吧"这样的话。他们威胁他，如果把公共汽车上

第 6 章　将旁观者转变为"盟友"

> 发生的事告诉学校里的其他人，他们就会打他。达雷尔试图让他的父母开车送他回家，但他们都忙于工作，而且无法调开他们的日程安排。这种情况持续了好几个月。
>
> 在这种情况下，旁观者应如何干预，成为达雷尔的"盟友"？
>
> **情景 3**
>
> 克洛伊和奥利维亚从幼儿园起就是好朋友。三年级时，她们被分在不同的班级，两个人都交了新朋友。在新学年开始的时候一切都很好。但是在 11 月初，克洛伊开始对奥利维亚说："你不再是我最好的朋友了。你不能和我共进午餐，这张桌子是为我的新朋友准备的。"奥利维亚很受伤，她决定把自己的交友范围锁定在自己班里的女孩中。12 月的一天，奥利维亚走进学校食堂，发现没人愿意和她一起吃午饭。无论她在哪里试图放下盘子坐下，孩子们都鹦鹉学舌地说着同样的话："只有讨人喜欢的小孩才配坐在这里，显然你不是。"
>
> 在这种情况下，旁观者应如何干预，成为奥利维亚的"盟友"？

"盟友"的错误示范：抵制麦迪逊俱乐部

给孩子们传授新技能的过程通常就像看钟摆摆动：在孩子们能够熟练地掌握技巧、把握分寸之前，他们往往会非常容易失控、表现得非常低效。在下面这则真实生活的例子中，一群女孩最近在学校里学习了有关旁观者介入的干预措施，所以当她们看到她们的同学麦迪逊在公共汽车上欺负另一个孩子时，她们认为自己知道该怎么做。在下面这则故事中，一个善意的旁观者自豪地告诉了她的母亲自己和朋友是如何介入并制止欺凌的。

　　"妈妈,你猜怎么着?杰西卡说她要加入我们的'抵制麦迪逊俱乐部'。"

　　"亲爱的,你说什么?"这个女孩的母亲急切地问道,瞬间感觉天旋地转。

　　母亲完全听清楚了女儿说的话,她一下子就明白了其中的含意。她这么问只是想给自己留出一点思考的时间。当然,她也希望自己听错了。

　　"杰西卡说她要加入'抵制麦迪逊俱乐部'。"女孩重复了一遍,既没有丝毫内疚,也没有做错事的感觉。

　　母亲一直担心的那一刻已经到来了。虽然许多家长都知道他们的孩子可能会在将来某个时候被卷入欺凌事件,但没有人会想到孩子能将这种事情如此直白、高兴地说出来。每当这位母亲考虑如何教育孩子应对欺凌的情况时,她的脑海中总会浮现出一幅轻松的画面:她和女儿可以倒一杯可可,依偎在沙发上,聊上一个小时,谈谈释放善意的重要性和一段真正的友谊中所应承载的价值观。她没有料想到在校车到达的15分钟前会发生这样的对话,也没有预料到自己的女儿会成为欺凌者。

　　在之后的几分钟内,她用清晰、简单、直接的语言告诉女儿,"抵制麦迪逊俱乐部"是一种欺凌,不能这么干,然后她告诉女儿以后再也不能参加这样的俱乐部。

　　女儿看着她,在女儿的眼中,她好像来自另一个星球。然后女儿试图解释:"哦,不,妈妈。不是那样的。麦迪逊才是最刻薄的。

第 6 章　将旁观者转变为"盟友"

这就是我们成立俱乐部的原因。我们看见她在校车上偷她弟弟的奇巧巧克力。她对她的弟弟总是那么刻薄，我们都受够了，所以我们都支持她的弟弟。我们这样做是让她知道，我们不会忍受她对自己弟弟做的事。"

母亲感到一丝宽慰。她的女儿并不是个"坏蛋"。她不是在捉弄一个无辜的受害者；相反，她是为同伴的遭遇抱不平，还不错。

在得知女儿刚才那么高兴并不是因为觉得自己对麦迪逊造成了伤害以后，母亲得到了一些安慰。但女儿认为，如果麦迪逊欺负她的弟弟，那么自己理应加入一个专门反对麦迪逊的团体，让其得到报应。妈妈很快就对女儿进行了教育：如果公交车上所有的孩子都结伙反抗麦迪逊，建立一个抵制她的俱乐部，那就是欺凌。"不管麦迪逊做了什么，加入这样的俱乐部都不好。"她解释说。

在女儿再次面对校车上"抵制麦迪逊俱乐部"的"会员"之前，这位母亲知道，她还有两件事必须要告诉女儿。

首先，是关于同理心的说明。母亲认同女儿的观点，即麦迪逊对她弟弟的所作所为的确相当刻薄，并告诉女儿，为此感到担忧是可以的。然后，母亲让女儿考虑一下，如果自己是麦迪逊，当校车上所有的孩子都在针对自己的时候，她会有什么样的感受。她让女儿想象一下，一大群人看着她，在她周围窃窃私语，却不直接跟她说话，这是一种什么样的感觉。

其次，她意识到，到目前为止，她已经告诉了女儿所有不被允许做的事情，比如加入一个旨在让某人感到痛苦的团体，母亲知道需要告诉女儿在这种情况下自己该怎么做。她给女儿布置了一个任务，让她成为校车上的"英雄"，对俱乐部的其他成员说："伙伴们,我认为我们在这里做的事情是错误的。我知道麦迪逊有问题,她以前对他弟弟很刻薄,但现在我们又对麦迪逊很刻薄,我认为我们不应该再这样做了。"

母亲说完这些话后,又看了看远处。她很清楚,女儿完全被这次谈话搞得措手不及。这个女孩本以为自己是在替麦迪逊的弟弟打抱不平,能够得到母亲的赞许;结果事情的发展和自己预想的南辕北辙——自己成了被教育的对象。

对于孩子来说,在最初几次练习干预欺凌的技巧时,曲解干预技巧的用法或矫枉过正的情况并不少见。这个女孩和她的朋友们认为,她们的干预是正确的,阻止了麦迪逊对她弟弟的欺凌。她们无法理解的是,她们的过度反应竟会导致新一轮的欺凌行为,其导致的后果比初始的欺凌行为要严重得多。成年人不仅需要将旁观者转化为被欺凌者的"盟友",还要帮助孩子不断练习和改进自己的干预技能。在这两方面,成人都要发挥积极的作用,以便让孩子了解如何对欺凌进行有效的干预。

在学校和青少年组织中开展伙伴帮扶计划

贝兹伦指出,在同伴中社会地位高的孩子在欺凌发生时往往最能有效地对欺凌行为进行干预,因为他们在同伴中的影响力很大,而且欺凌者的报复行为一般不会对他们造成什么伤害。当他们对欺凌行为表示不满时,他们就向同伴传递了一个强烈的信号:欺凌行为不可接受。

在学校和青少年组织中,那些最为有效的伙伴帮扶计划往往就是让社会地位高的孩子与特别容易受到欺凌的孩子结成互助小组。这些伙伴帮扶计划遍布全美各地，许多感人的新闻报道和YouTube视频都是以此为素材的。YouTube上的很多视频都以终结欺凌为主题，展现了来自学校社交阶层两极的孩子之间存在的真实且持久的纽带关系。这些看似不太可能发生的友谊也清楚地表明，对易受欺凌的孩子来说，积极的同伴关系是一种重要的保护机制；当与社会地位高的同伴结为伙伴时，曾经饱受欺凌的孩子往往会摘掉自己"易受欺凌的帽子"，并凭借自己的能力获得一定的社交成就。对许多人来说，这种经历有助于他们享受校园生活，提高他们在学业上取得成功的可能性，增强他们的自信心。

反欺凌组织"甜心英雄"（Sweethearts and Heroes）的创始人之一杰森·斯佩克特（Jason Spector）表示，大多数老师在学校里至少有五个"铁粉"，这些学生总是愿意为老师"赴汤蹈火"。"甜心英雄"的另一位创始人汤姆·墨菲（Tom Murphy）在演讲中呼吁教师们号召自己的"铁粉"去帮助那些有社交困难或容易成为欺凌对象的孩子。他们指出，一些简单的举动，比如在公交车上和易受欺凌的孩子们坐在一起，或者在课间和他们一起散步，都能有效地预防欺凌。斯佩克特与墨菲强调，这种经历对于"铁粉"（或者说是"甜心英雄"）来说也是非常宝贵的，因为那些善于社交的孩子可以通过自己的亲身经历，感受到善意和同情心对他人产生的巨大影响。

在研究、制订这种伙伴帮扶计划时需要注意的一个重要问题是：要让所有的学生都能从中受益。患有中度和重度发育障碍，以及有明显身体残疾的孩子经常被邀请参加这种帮扶小组，但那些有轻度残疾的孩子通常不被包括在内。米歇尔·加西亚·温纳认为，那些貌似极易被同伴排斥的孩子却往往能从同伴关系中获得更多的社交保护。至于那些有轻度残疾的孩子，虽然他们的外观和行为往往与正常人差别不大，但很少有同龄人愿意与他们交往，因为担心和他们交往会损害自己的社会地位。这些孩子两面不讨好：同龄人认为他们太古怪了，而成年人认为他们不够古怪。

负责在学校或青少年组织中推广、执行伙伴帮扶计划的专业人士可以很容易地在网上找到此类计划的正面案例和攻略。如果你正在考虑在你的学校或社区里建立一个类似的同伴互助组织，那么不妨考虑一下你如何能够将绝大多数易受欺凌的孩子纳入进来，尤其是那些有着轻度残疾的孩子。他们的生活可能会因一位真诚的朋友或朋辈导师的帮助而得到显著的改善。

学会运用社交技巧应对挑战是一个过程

孩子除了要在学校学习文化课，还要学会如何运用社交技巧来应对挑战。学校工作人员和家长有义务让孩子知道，他们自己在制止欺凌方面能够起到多么强大的作用。旁观者是否在欺凌事件发生之前、之中甚至之后进行干预都能对欺凌事件产生巨大的影响——可以让欺凌立即终止，也可让欺凌愈演愈烈。对孩子们来说，道理很清楚：如果你身处欺凌事件的现场，你就有能力也有责任去做些什么来阻止它。

第6章 将旁观者转变为"盟友"

💡 **把旁观者变成"盟友"的10项实用策略**

1. 当孩子们谈论他们不对欺凌事件进行干预的原因时，听听他们的想法。

2. 了解孩子害怕干预欺凌的原因，理解他们的恐惧，并帮助他们制定克服恐惧的策略。

3. 提供实际的支持，教导孩子使用充满自信力的短句来当场制止欺凌行为。

4. 教会孩子如何找到自己与其他人的共同点，并接纳同龄人之间的差异。

5. 告诉孩子，当朋友行为不端（欺凌他人）时，你可以挺身而出制止他。

6. 告诉孩子当他们发现欺凌行为时袖手旁观是不对的。

7. 在善于社交和易受欺凌的孩子间建立伙伴关系。时常观察，让双方都从这段关系中都受益。

8. 让孩子创造一句反欺凌口号，比如"世上没有无辜的旁观者"。

9. 让孩子进行角色扮演，练习预防欺凌的技能。通常，使用这些技能时需要讲究一些技巧，需要不断练习，才能达到预期的效果。

10. 向孩子强调，他们完全有能力让易受欺凌的同龄人的生活发生很大的改善，他们不应该错过帮助他人的机会。

第 7 章
向欺凌者伸出援手

8 Keys
to End Bullying
Strategies for Parents &
Schools

第7章　向欺凌者伸出援手

我记得有人曾经对我说过，外星人是夏季档大片的最佳题材，因为每个人都认为他们是我们共同的敌人。目前，欺凌者已成为当今社会的"外星人"：容易被鄙视、责备和排斥。尽管我时常会对欺凌者的残酷行为感到非常震惊甚至气恼，但我的朋友兼导师——尼古拉斯·朗（Nicholas Long）博士的一席话启发了我。他教导我说："事出必有因，有因必有果。那些欺凌他人的孩子很可能自己也曾受到过伤害，鄙视、责备和排斥这些孩子的做法是下下策。"

欺凌者也是受害者吗？你可能想问，难道这一章是要对所有欺负自己同伴的孩子表示同情吗？并不是。我并不是要让大家怜悯欺凌者，而是要让大家了解为什么这些孩子会表现出这样的行为方式，并以此指导我们帮助他们改正问题行为。关于欺凌，有一个悖论：那些通过欺凌行为和恐吓来排挤他人的孩子通常是最需要同伴的群体。当成年人能够透过现象看本质，并试图了解造成这种行为的深层原因时，他们才能有机会真正改变孩子的生活。

是什么驱使孩子欺凌他人

在本书的第1章中,我指出,校园欺凌的主要动机是获取较高的社会地位,博得同龄人的关注,争夺机遇,以及对权力和控制力的渴望。在本章中,我们将更深入地挖掘这些欺凌的动机与那些未被满足的需求之间的联系。然后,我们将探索可以帮助成年人满足孩子需求的实用方法,从而降低孩子们采取欺凌行为的可能性。

情绪管理方面的缺陷

当探究未被满足的发展需求时,孩子早年如何学会管理情绪是一个重要的考量因素,尤其是在如何表达愤怒这一方面。尽管我们中的许多人都喜欢将家庭想象成孩子的庇护所,但实际上,家庭中发生的暴力事件要多于街头上发生的暴力事件。作为青少年暴力行为的主要诱因,家庭暴力发生在各个社会阶层、各个民族以及各个宗教群体之中。无论男女,都有可能成为家庭暴力的施害者或受害者。

如果父母或家人经常通过攻击行为来表达愤怒和沮丧等情绪,那么在这种家庭环境中成长的孩子,通常会认为用这种极端方式来表达自己的感受理所当然。实际上,当许多孩子在学校或治疗场所被告知他们这种表达愤怒的方式是不可接受的时候,他们就会感到困惑。对于这些孩子来说,这就是他们表达不满情绪的常规方式。

攻击行为(如欺凌)是一种习得行为,也就是说,这种行为模式是可以通过一些活动或练习被改变的。在社会情绪能力学习中,有些活动注重培养孩子愤怒管理和有效沟通方面的能力,可以使那些从表面上看攻击性极强但其实在情感管理方面具有缺陷的孩子产生巨大的变化。在充满暴力、冲突不断的家庭环境中成长的孩子,需要一位善解人意的成年人能够透过他们粗鲁行为的表面,看到他们内心真正的需求,为他们提供帮助。

在决策和克制冲动方面存在缺陷

在李·赫希的纪录片《欺凌》中有一个叫嘉梅亚的女孩。她每天都要坐一个小时的校车到密西西比州上学。在去往学校的路途中,她每天都忍受着无尽的欺凌。尽管她试图向成年人寻求帮助,但情况却越来越糟。最终,嘉梅亚做出了一个冒险的决定,她将母亲壁橱中的一把枪带到校车上。尽管她没有用它伤害任何人,但仍被捕并被指控犯有45项重罪,进而被送入少管所。

我在第1章提到的那位名叫赖利的小学女生,在遭受关系攻击后,也在冲动之下对那两名侮辱她的女孩做出了暴力行为。一旦局势失控,她就会被迅速介入、处理这场危机的成年人士视为唯一的攻击者。

嘉梅亚是欺凌者吗?赖利是欺凌者吗?乍一看,这两个女孩确实对她们的同伴表现出攻击性,她们的行为都不应该被原谅。如果这两个孩子掌握了克制冲动和正确决策的有效策略,后来的事态可能就不会发展到这种地步了。然而,这两个女孩都没有表现出反复伤害他人的意图,攻击者与被攻击者之间也并不存在力量悬殊的迹象,因此不能算作欺凌行为。成年人要向孩子提出一些恰当的问题，尽量了解整个事件的全貌，不要草率做出判断并给孩子贴上"欺凌者"的标签。在大多数情况下，你很少能看到孩子们社交生活的全貌。

情感依恋的缺失

依恋理论起源于约翰·鲍尔比（John Bowlby）的研究，它有助于我们理解为什么个人必须与他人建立持久的心理联结。简单地说，孩子在生命早期与其主要看护者的互动质量和性质，将影响他在今后的人生中与其他人关系的质量和性质。经历过情感剥夺和不安全型依恋的孩子往往在同理心、同情心以及与他人的心理联结方面表现出显著的障碍。因此，弗吉尼亚青少年暴力研究中心的研究显示，与看护人有着不安全型依恋关系的孩子更容易被同龄人认定为欺凌者。

归属感和成就感的缺失

积极育儿方案[①]（Positive Parenting Solutions）的创始人艾米·麦克雷迪（Amy McCready）认为，所有的问题行为几乎都可以归结为归属感或成就感的缺失。从这个角度来看，我们就能理解为什么很多孩子要欺凌他人了——孩子的这种行为方式是为了让他们在同龄人中能够有一席之地。摧毁某人在同伴中的形象、地位往往是他们提高自己社会地位的重要手段。如果欺凌者觉得自己能够掌控他人

[①] 积极育儿方案是一家提供在线课程服务的机构，旨在帮助父母学会如何更好地管教子女，与子女相处。——译者注

的命运，他们就会感到自己很强大、很成功。成年人的当务之急不是探究孩子们欺凌他人的原因，而是想一想我们如何让孩子通过一些有益的活动和举措（而不是通过欺凌）来获得归属感和成就感。

我们首先要弄明白为什么有些孩子如此缺乏归属感和成就感，这一点十分重要。虽然每一个缺乏足够关爱或成就感的孩子在其成长和发展过程中遇到的具体情况都不一样，但以下这两个真实的例子很好地说明了一些受过伤害的孩子会欺凌其他同伴的原因。

安东尼篇

在安东尼14岁时，他人高马大，强壮如牛。他那令人生畏的健硕体魄向他身边的同学和老师释放了一个明确的信号——"别惹我"。安东尼因严重的行为问题被学校开除，主要原因是欺凌行为和打架斗殴。到了问题学生教育中心以后，安东尼就成了里面的"风云人物"——撒谎、欺骗、偷窃，攻击任何让他生气的人。他是恶霸中的恶霸，教育中心里的一名社工称他为"专业流氓"。到了教育中心好几个月以后，没有人知道究竟如何能帮助到他。

直到有一天，安东尼终于迎来了他的转折点。教育中心的一位老师在校外看到了安东尼和祖母一起去杂货店。他的祖母矮小而年迈——身高、体重大概只有安东尼的一半。然而，她对这个孩子的影响是巨大的。这名教师向教育中心的社工报告说，他看到安东尼的祖母在商店的麦片货架中间训斥安东尼。她的声音很大，吸引了全店顾客的注意；她满口粗话，让店里的父母赶紧捂住了孩子的耳朵。这位老师说，有几名店员闻声跑来，他们起初以为是一个高大的成年人在辱骂一个弱小的孩子，想要保护小孩免受伤害。当他们看到相反的情境时，他们突然停了下来。然后，又继续工作。

最后，老师看到安东尼的祖母一遍又一遍地用手推车撞安东尼并告诉他，他是"没人要的垃圾"，而她"在拼了老命地养活他"。出于对安东尼的担心，老师走近安东尼和他的祖母，就好像他没有听到他们的大声争吵似的。他说自己是安东尼的老师，询问他们需不需要帮助。安东尼和他的祖母都回绝了他，但这打断了她对安东尼的训斥，两人继续往前走，一切回归了平静。

下周周一上学的时候，出于对学生个人安全和生活状况的担忧，老师希望和安东尼聊聊。安东尼并没有像往常那样抗拒，而是同意了会面。安东尼仓促地解释道，因为他在学校很饿，所以他想让祖母多给他买一盒麦片。但是祖母因为没有足够的钱买全部所需的食品杂货而感到生气。老师讲到，安东尼似乎很袒护他的祖母，在谈话时非常紧张。

从那时起，教育中心的工作人员对安东尼的成长背景有了全新的理解。作为一个被亲生父母抛弃，与年迈、贫穷、刻薄的祖母生活在一起的孩子，安东尼非常渴望被关爱、被需要、被重视。尽管安东尼原来学校的老师们，甚至是教育中心的老师们，原来一直都把注意力放在安东尼的攻击性行为上，并不断地对他进行惩罚，但当教育中心的教职员工对安东尼所处的环境有了新的认知后，他们改变了对安东尼的关注点。现在可以了解到，安东尼如今的攻击性行为是由他的家庭、成长背景造就的。于是，老师开始对他表示同情，慢慢地接近他，并试图使教育中心成为这个孩子的避风港，让他在这里感到自己能够被接受、被重视。

安东尼的攻击性行为并没有在一夜之间改变，他也没有因为周围的成年人对他的行为有了新的看法，就可以在伤害别人后免受惩罚。无论何时，只要安东尼欺凌他人，就会被追究责任。但在接下来的几个月里教育中心教职员工对他的关心与接纳对他产生了巨大的影响，在改变这个青少年对待周围人的方式的过程中，起到了关键性的作用。无论是从安东尼魁梧的身材还是从他多次欺凌他人的经历来看，任何人都很难想象他是一个脆弱的、生活艰苦的孩子。多亏一位老师在超市里买早餐麦片时，意外窥视到了他的真实家庭生活图景，让成年人能够理解这个孩子的真实处境并最终帮助安东尼改善生活处境。

遗憾的是，并不是每个孩子都能像安东尼这样有一个圆满的结局。在第二个案例中，谁也想象不到，一个自带光环的"校园女王"最终会被无尽的黑暗所吞噬。

莉莎篇

莉莎是那种每个人都想和她做朋友的女孩，没有人敢和她翻脸。她长得很漂亮，运动能力很强，很受欢迎，似乎是学校的风云人物。如果你和莉莎是朋友，你会和她一样自带光环。但对于那些敢违抗她的人，她会让其感受到莉莎的雷霆之怒。莉莎可以确保，在学校里，没有一个10年级的学生敢跟一个她不喜欢的女孩说话、打电话、发短信，甚至看她一眼。她会当面羞辱、欺凌自己不喜欢的女孩，在网上发布攻击她们的帖子时也毫不留情。

凯莎是莉莎分分合合的好朋友。从很小的时候起，凯莎就经常充当莉莎的副手，她似乎并不介意这个角色。事实上，当她被莉莎毫不客气地甩了的时候（这在中学期间每年至少发生两次），凯莎会迫不及待地等着回归莉莎的怀抱。然而，到了高中，这两个人渐渐疏远了。凯莎的父母不断地鼓励她结交新朋友；莉莎则会花更多的时间和男孩们待在一起，朋友圈更新换代的频率也越来越高。

有一天，莉莎的父母发现他们的孩子死在了家中的卧室，这个消息震惊了整个学校。莉莎过量服用了一瓶抗抑郁药物，她的朋友们都不知道她在服用这种药物。莉莎给凯莎寄了一封信，这封信是在她死后才寄到的。在信中，莉莎称凯莎是她唯一真正的朋友。在信的后面，莉莎猛烈地抨击了她的父母。她写道，父母在争夺监护权时，令她"遍体鳞伤"，并且她知道父母从未真正地关心过她，根本不在乎她的感受。

尽管莉莎和安东尼的故事结局截然不同，但这两个青少年的共同之处在于，几乎没有任何成年人（甚至孩子）能够察觉到他们俩在内心深处是多么脆弱。两人都表现得很强势、盛气凌人，在同辈群体中都是不可一世的人物。但在其"强大外表"的背后，两人都感到自己没有得到别人真正的重视。他们的共同之处在于，都严重缺乏家庭成员对他们的重视。

在这个世界上，行为是我们判断彼此的基础。当孩子故意做出欺凌他人或公然挑衅的行为时，成年人很难有动力去透过这些令人不快的表面行为来揭开问题的本质。然而，只有在成年人有意愿这样做时，像安东尼和莉莎这样的孩子才能得到帮助。

是不是所有欺凌他人的孩子都有一段悲惨的身世？当然不是。

第 7 章　向欺凌者伸出援手

学校工作人员和家长是否可以因为孩子在成长过程中没有得到足够的关爱和照顾就为其欺凌行为开脱？当然不行。事实上，无论是来自家庭环境优越、充满关爱和温暖的家庭，还是来自饱受虐待、冷漠疏离的家庭，所有的孩子都有一些不足为外人道的故事。当专业人士和家长们愿意向孩子们伸出援手，愿意了解在孩子身上究竟发生了什么的时候，他们就为孩子提供了一个谱写自己圆满人生画卷机会。

练习：想一想，你认为欺凌者在成长过程中都会有哪些未被满足的需求

想想那些反复欺凌他人的孩子（你可能与他们一起生活，也可能为他们提供服务），他们为什么会有今天的表现，你可以问自己这些问题：

- 这些孩子的哪些发展需求得到了满足？
- 这些孩子的哪些发展需求未得到满足？
- 当你考虑到这些孩子未得到满足的发展需求时，你会如何改变你对他们的看法？
- 当孩子再次表现出欺凌行为时，你对待他的方式会受到影响吗？
- 你如何能在改变对待这些孩子的方式的同时，还能让他们为自己的行为负责？

关注欺凌者的心理需求

因为欺凌在本质上是一种故意对他人造成伤害的重复性攻击行为，并且欺凌者与受害者的力量对比非常悬殊，也就难怪这种行为可能会导致比较严重的心理健康问题和行为问题，包括物质滥用、抑郁、焦虑和犯罪行为。仅从公共健康和公共安全的角度来看，学校工作人员和家长们也应该在孩子还小且行为易被改变的时候就对那些有欺凌行为的孩子进行干预。常言道"千里之堤，溃于蚁穴"，如果任其发展，轻微的欺凌行为、情感爆发和个别操纵同伴的事件就会演变成长期的、有固定模式的欺凌行为，对家庭、学校和社区造成严重破坏。同样地，成年人的小小善举和同情心也会让孩子们的境遇渐渐发生显著的改变；如果成年人不对其施以援手，他们就会因为感到孤独、被贬低和被忽视而通过极端的行动来表达自己的不满。

如何向欺凌者伸出援手

帮助欺凌者改变他们的欺凌行为并不是一件复杂的事情；相反，全书的观点是，学校工作人员和父母所能运用的最有效的手段往往是那些最简单的干预措施。

使用积极的干预措施

许多长期欺凌他人的孩子已经习惯了被成年人点名批评和接受惩罚。如果前几次"你不该……"的劝诫并没有改变孩子的行为，

第 7 章 向欺凌者伸出援手

那么毫无疑问，再多的惩罚措施也同样不会对他们产生什么效果。即使对于那些在某个一群体中或某一种特定情况下偶尔实施欺凌行为的孩子来说，惩罚措施也已经在家庭或学校生活中司空见惯，实际上已经失去了其改变问题行为的作用了。

美国马里兰州谢泼德普拉特卫生系统所辖的福布什学校（Forbush School of Sheppard Pratt Health System in Maryland）的阿比·波特（Abby Potter）认为，要想成功地改变孩子的行为，成年人就必须努力创造一种"开放"的文化氛围，而不是"禁止"的文化氛围。从字面上来说，这可能意味着对一个小孩子说"请用你自己的语言来表达你的感受"，而不是边责骂孩子边说"不许再打了"。从预防欺凌的层面上说，当成年人在家庭、学校和团体中制定一些鼓励尊重他人和释放善意的规则、规范时，他们就创造了一种"开放"的文化氛围。关键在于，首先要设定条件，让孩子们有可能做出积极的行为选择，然后使他们明确地知道如果犯了错误应该做出哪些改变。

练习：创造一种"开放"的文化氛围

回顾一下，在你与孩子生活、相处的过程中，你遇到过哪些最典型的欺凌情形？至少写下三种最近让你担心的情况。针对每一种情况，都要想出一个可以帮助你接近那些欺凌者的积极干预措施，鼓励他们在与同龄人的互动中做出不同的行为选择。这种积极干预措施与惩罚性干预措施相比那种更有效呢？考虑到每个孩子的具体情况各不相同，想一想，在你分别创造"开放"或"禁止"的文化氛围时，他们各自的反应可能会有什么不同？

向欺凌者释放善意

生活空间危机干预研究所（Life Space Crisis Intervention Institute）的创始人尼古拉斯·朗博士长期从事教育工作，他表示，如果想让那些过度关注自我的孩子做出改变，他们必须首先感受到来自这个世界的善意——即使有些人认为，他们做出这种伤害他人的行为，不配得到来自他人的善意。事实上，尼古拉斯·朗认为，"成年人释放出的善意是将问题少年转化为'好孩子'最强大的'武器'"。

专业人士或父母在目睹或意识到一个孩子做出欺凌行为后，不一定会自然而然地表现出善意。但是，只有当一个孩子觉得自己得到了足够的重视和支持时，他才会愿意去审视自己的行为，或者开始改变自己的行为。当善于倾听的成年人接近孩子时，孩子往往会向成年人敞开心扉。当总爱指责他人的成年人接近孩子时，孩子往往会为自己辩护，否认自己的错误。事情究竟会向什么方向发展很大程度上取决于成年人：你希望你和孩子的对话如何进行？

练习：你会如何面对你生活中的权威人物

在孩子的成长过程中，和生活中的权威人物正面交锋几乎是不可避免的。对孩子们来说，与一些成年人相处就像呼吸一样自然；但与另一些成年人相处时，冲突似乎是不可避免的。想象一下，如果你回到小时候，面对以下问题你该如何作答：

- 对你来说，和哪种类型的成年人交谈、吐露心事，甚至承认自己的错误比较很容易？

第 7 章 向欺凌者伸出援手

- 成年人的哪些具体行为会让你感到很安全、获得了支持和被重视？
- 你会如何描述那些让你产生抵触、愤怒或沮丧等情绪的权威人物？
- 权威人物的哪种行为让你感到厌烦或厌恶？
- 如果你是孩子生活中的一名权威人物，你希望当他成年后回首往事时，你在他的记忆中会是一种怎样的形象？

善于倾听

正如第 1 章中所指出的，只有一小部分欺凌行为发生在成年人面前。因此，成年人接收到的大部分关于欺凌事件的信息都是二手的。成年人刚开始与一个被指控欺凌的孩子交谈时，对孩子的所作所为会有一种非常强烈的先入为主的观念，这种情况并不少见。在这种情况下，对一个成年人来说，要想不带偏见地倾听孩子对于事情经过的叙述是非常困难的；相反，许多成年人只想听到那些证实他们预想的"供词"。

这会导致欺凌者与成年人之间产生进一步的疏离。当孩子意识到大人对他的故事不感兴趣，或者没有真正想要倾听自己的心声时，他通常就会闭嘴。成人往往会忽视那些能够透露出孩子的感知和想法的蛛丝马迹，在孩子不经意间袒露心声的时候，成年人本可以抓住机会与其进行深入的沟通的。

再回到嘉梅亚和赖利的案例中，很明显，很难说她们遭受了什么具体的欺凌。有时，那些表面上看起来像是欺凌者的孩子实际上很可能是隐性的受害者。对于控方来说,他们需要收集大量关于欺凌案件的细节,各类证据层层叠加,这对人们了解犯罪事实的全貌非常重要。是的,有时候,逐层叠加的证据会明确地表明,这个孩子就是个纯粹的欺凌者。但毫无疑问,在某些情况下,表面的欺凌事件背后还隐藏着一些重要的背景故事。成年人要想了解这些背后的故事,唯一的方法就是认真地倾听。

通过其他活动将欺凌者引向正途

我们在第 6 章中提到,一些孩子在欺凌别人时,他们的多巴胺会激增。孩子们从欺凌中获得的强烈的权力感和社会地位的提升可能会高度强化他们的欺凌行为。当成年人帮助孩子找到其他方式来体验大脑奖励中心的刺激时,他们就可以有效地预防、制止欺凌行为。与欺凌弱小相比,进行一项体育运动是否更能提高孩子的受欢迎程度,并对他们的身心健康更加有益? 在戏剧表演中,小女孩能够获得她渴望的赞许和关注吗?孩子做哪些活动能使自己感到身心愉悦?是武术、跳舞、做志愿者,还是参加课外活动?对于每个孩子来说,答案都是不同的。但是任何能给孩子带来积极反馈的活动都能加强孩子的积极行为。与孩子联系紧密的成年人可以帮助孩子们辨别哪些特定活动可以发挥他们的潜能并将他们引向积极道路。

关注孩子未被满足的需求

关于孩子未被满足的需求,我无意在这里列出所有的种类,而是想强调一点:所有的行为都是带有目是性的。孩子会为了满足自己特定的需求而做出相应的行动。成年人在确保孩子的重要发展需求得到持续满足方面发挥着关键作用。

归属感

对于缺乏归属感的孩子来说，成年人可以着力让孩子融入各种群体，让他们感到自己被包容、被接纳、被欢迎。无论是在家里，还是在学校的自助餐厅、在课堂上、在团队中，抑或是在一个俱乐部里，只要孩子们感到自己融入了团队、融入了集体，他们就都能从日常体验中获得极大的益处。成年人不妨每天抽出 10 分钟陪伴孩子，或者在孩子每天早上走进校门时和他打招呼，这些都是非常实际且有效的做法。成年人可以通过这些看似微不足道的举动给予孩子归属感。

权力感

如果孩子欺凌他人是为了体验权力感，那么成年人可以引导孩子通过其他手段来满足孩子对权力感的渴求：父母可以通过一些有意义的方式来让孩子为家庭做出贡献；学校工作人员可以在学校为孩子创造一些机会，让他们拥有一些自主权，在同龄人中显示领导能力，并独立做出决定。第 6 章中提到的伙伴帮扶计划是一个很好的方法——通过赋予孩子指导和保护易受欺凌群体的责任来帮助那些善于社交的孩子学会如何使用自己手中的权力。

同理心

很多欺凌他人的孩子缺乏同理心。第 5 章集中说明了社会情绪能力学习可以在很大程度上帮助孩子增强他们对同龄人的同理心。

191

然而，让孩子学会对他人产生同理心的一个更有效的方法，是让孩子体验到他人对自己发自内心的关怀。结合一下你的生活经历，想一想：你是如何学会对他人产生同理心的？你是从书本上学到的吗？你会像记住数学公式一样记住它吗？很显然都不是。在现实中，情况很可能是这样的：在你需要帮助的时候，一些在你生活中扮演关键角色的成年人会对你展现出了同理心，你也由此学会了如何向他人展现出自己的同理心。事实上，那些怀揣着善良和怜悯之心不断对孩子表示关怀的成年人，往往能够通过自己的言传身教让孩子学会如何换位思考、向他人表示同情。

练习：想一想，如何满足欺凌者未被满足的需求

欺凌他人的孩子往往缺乏解决冲突和管理情绪的能力。想一想，在和你一起生活或你为之服务的孩子中，哪些孩子在解决同伴冲突或管理情绪方面有困难。至少写下三个有利于满足这些孩子需求的实用方法。

哪些策略无法帮助到欺凌者

贝兹伦指出，在对欺凌行为进行预防时，成年人要谨防"惩罚欺凌者的狂热情绪"。媒体为了博取眼球，争先恐后地争夺关于校园欺凌的第一手新闻素材；忙碌的人们只想通过一些惩戒措施草草了事，急于从待办事项列表中划掉一项任务。挑出个别的欺凌者来示众，并把他当作一个反面典型，通常更多的是为了满足成年人的"完成任务"心态，而不是为了满足孩子学习、修正自身和成长的

需要。在预防欺凌行为的过程中，成年人需要注意的一个重要问题是，要确保他们之所以采取行动是为了改变孩子的问题行为、促进孩子的长期发展，而不是为了图一时之快、取悦旁观者。

在本章的最后一节中，我将介绍一些在帮助孩子改变欺凌行为方面往往不会起到什么作用（甚至会适得其反）的四种策略。

"零容忍"式惩戒措施与除名

"零容忍"式惩戒措施在美国校园里非常普遍。这种惩戒措施不考虑具体的情况或背景，只要违反学校的相关规定就要受罚。它只是一种基于盲目正义的权宜之计。

然而，在实际应用中，"零容忍"式惩戒措施往往会使事情变得更糟，带来意想不到的后果。研究表明，将欺凌他人的孩子从学校里除名对他们并没有帮助，反而会增加他们在未来出现问题行为的概率。与孩子建立有意义的联结是成年人帮助孩子走出困境的前提，"零容忍"式惩戒措施和除名则会切断这些联结，会让孩子产生更大的疏离感、缺失感，甚至会助长欺凌行为的进一步恶化。更有甚者，"零容忍"式惩戒措施还会诱发犯罪。

朋辈调解

我完全赞成朋辈调解，只是这种方法并不适合欺凌他人的孩子。我认为，通过朋辈调解，孩子可以学到许多关于化解冲突和体面地解决问题的宝贵技巧。但是对于欺凌他人的孩子来说，朋辈调解可以为他们提供一个"虚拟舞台"，让他们充分感受到主宰他人的快感。在训练有素的学生调解员、学校辅导员、教师和任何其他的"观众"面前，当社交能力较强的孩子在那些头脑不太灵光的受气包面前表现得"巧舌如簧""机智过人"时，他们的多巴胺想必会急剧上升。如果受欺凌的孩子在欺凌者面前哭泣，欺凌者就会变得更加麻木不仁——此时此刻，他并不感到懊悔；相反，他感到自己深深地影响到了同龄人，这让他感到自己很强大。接下来，我们来看一下同一起朋辈调解事件对于两个不同的中学男生所产生的影响会有多大的差别。

在贾斯汀的中学里，学校的行政管理人员很推崇朋辈调解；但大多数的学生对它嗤之以鼻。除了少数八年级学生被校长亲手选为学生调解员外，其他学生都认为这个方法是个笑话。被送去接受朋辈调解的学生就像被贴上了"乖宝宝"的标签一样；而你要是真的听从了学生调解员的建议，那就更丢人了。

贾斯汀极不情愿地告诉父母他的新外套是在与洛根打架时被扯坏的，然后他的父母向校长报告了这件事。当学校的扩音喇叭叫贾斯汀和洛根去学校办公室"报到"的时候，教室里的其他孩子们爆发了一阵狂笑。"朋辈调解！"他们边说边笑。

按照朋辈调解的标准流程，必须征得双方同意，才能开展调解活动。在学校辅导员和两名八年级的学生调解员面前，洛根欣然同意；而贾斯汀说他不想参与调解。当被问及为什么不想参与调解时，他没有回答。当学校辅导员私下里再次问他时，贾斯汀解释说洛根每天都在公车上捉弄他，他知道调解不会改变任何事情。"这只会让我的情况变得更糟。"他争辩道。学校辅导员反驳说："如果你

第 7 章　向欺凌者伸出援手

说你不愿意参与这个调解，那么你就是在表明你不希望情况变得更好。贾斯汀，洛根正在朝正确的方向努力。据我观察，现在不愿意配合我们解决问题的是你。你就想让我告诉你父母这些吗？"

贾斯汀感觉自己被胁迫了，他和学校辅导员回到了调解室。当有人问他时，他把自己的经历讲了出来。洛根默默地听着。当洛根获得说话的机会时，他承认了他所做的一切，但解释说他的行为只是想让贾斯汀在车上能放得开一些。他说："你知道，我只是想逗他开心，跟我们一起出去玩。我只是想帮他交些朋友。你知道，他在公共汽车上被大家当成一个彻底的失败者。"洛根继续说道："我试图让他更多地参与到我们的谈话中，这样他就能融入我们。我想这对他来说是不可能的。他宁愿让大家继续把他看作一个大傻瓜。"

就在这时，一位八年级的调解员介入了，马上提醒洛根不要使用"傻瓜"这个词，但随后允许洛根继续以"努力帮助"同学为幌子，拐弯抹角地对贾斯汀进行中伤。最后，这两个男孩被要求向对方道歉并握手。两个孩子都没有受到任何惩罚，做出欺凌行为的孩子没有得到任何警告，关于今后如何在学校里或公共汽车上相处，孩子们也没有得到任何建议。

贾斯汀觉得比以前更丢脸了。他被同学们叫去参加朋辈调解，迫于学校辅导员的压力参加了这个活动，不得不一直坐在那里被洛根公开羞辱。当他们走出调解室时，洛根跟在贾斯汀后面；当他们走出学校办公室时，洛根踩着他的脚后跟并低声说道："笨蛋，公共汽车上见。"

在欺凌者和他们精心挑选的欺凌对象参与朋辈调解时，经常会发生以上情况。学生调解员在调解活动结束后可能会感觉良好，认为他们在学校活动中表现出了领导力。成年人也可能会感觉良好，因为他们终于可以从他们的待办事项列表中划掉一项任务。欺凌他人的孩子在"获胜"时可能会有强烈的自我满足感。被欺凌的孩子会比以往任何时候都更加沮丧。他现在确定，学校中没有人可以看透欺凌者伪善的表象。今后再落入狡猾的欺凌者之手时，不会有人出面保护自己了。

社会情绪能力学习

正如第 5 章所述，欺凌他人的孩子可以从那些注重同理心培养、情绪管理和社交技能的社会情绪能力学习中获益良多。然而，这些学习小组的人员配置必须由成年人精心安排。成年人本来出于好意，让那些欺凌他人的孩子们学习亲社会技能。然而，当欺凌他人的孩子聚在一起时，他们经常会互相学习新的策略来支配别人。当小组内成员们的唯一目的是贬低其他成员时，他们就无法学会如何对他人产生同理心。当一群"小坏蛋"聚集在一个房间里的时候，多么好的社会情绪能力学习项目都会失效。

恢复性司法

越来越多的学校开始用恢复性司法来替代"零容忍"式惩戒措施（或开除学生）。它旨在通过面对面的对话，鼓励孩子培养对彼此的同理心。在面对面的对话中，欺凌者需要提出自己将如何承担责任和进行补救的计划。无论是对于成年人还是对于未成年人，恢复性司法已被证明具有变革性意义。

然而，奥克兰联合学区主管行为健康的芭芭拉·麦克朗（Barbara McClung）认为，在处理欺凌事件时，这种方法的效果较差，因为欺凌者与被欺凌者力量悬殊。与朋辈调解一样，如果一个社会地位高的孩子不愿意承认自己的错误，或者不愿真诚地去弥补自己对他人造成的伤害，恢复性司法就起不到预期的效果。

对读者的期许

许多大型组织和个人都在展开一些积极的工作，旨在为孩子们提供一些应对欺凌的有效策略，教导旁观者如何为受害者打抱不平，从而终结欺凌。许多专家认为，要想制止欺凌行为，首先要让旁观者敢于挺身而出（我同意）；但接着又解释说，改变欺凌者的行为是极其困难的（我再次同意）。

然而，我与这些专家的不同之处在于，我们不该因为欺凌者的行为很难改变就轻言放弃。作为一名社会工作者兼心理治疗师，在我多年与问题少年打交道的过程中，我发现了两个事实。正是这两个事实让我得出了与其他专家不同的结论。

1. 最擅长疏远成年人的孩子，其实是最需要成年人关注的孩子。

2. 你可能无法帮助到所有你遇到的孩子，但你永远不知道你究竟可以帮助哪些孩子改变自己的生活，所以你必须尝试帮助每一个遇到困难的孩子。

当你思考自己在终结欺凌方面起到了什么作用时，我希望你能思考一下你能给所有自己遇到过的孩子带来何种深远的积极影响——尤其是那些你从未想过能够为其提供帮助的孩子。

💡 帮助欺凌者走出困境的 10 项实用策略

1. 要主动观察孩子的行为，以便了解究竟是孩子的哪些想法、感受、经历和感知驱使他们做出欺凌行为。
2. 教会孩子一些有效进行情绪管理和自信沟通的技巧。
3. 让欺凌他人的孩子练习如何有效解决同伴间的问题——如何用积极、双赢的方法解决同伴间的冲突。
4. 在孩子还小的时候就对那些有欺凌行为的孩子进行干预，帮助他们改变不良行为模式，预防慢性心理健康问题。
5. 尽你所能赋予孩子一种强烈的责任感。
6. 每当孩子走进家门、教室时，都要向他们问好，并面带微笑，让他们感到自己得到了重视。
7. 为孩子创造机会，让他们以一种关怀他人的方式在同伴中展现领导力，让所有的孩子都受益。
8. "瞥见问题，凝视长处"。让孩子为自己的负面行为负责，但是要花些时间来培养他们积极的个人品质和亲社会行为。

9. 创造一种"开放"的文化氛围,而不是一种"禁止"的文化氛围。
10. 永远要怀揣最大的善意来接近孩子——即使他们的行为可能不会激起你对他们的善意。

第 8 章
就欺凌问题展开持续对话与讨论

8 Keys
to End Bullying
Strategies for Parents &
Schools

第 8 章　就欺凌问题展开持续对话与讨论

不久前，一位曾和我共事过的朋友向我透露说，她想把我的这本关于校园欺凌的书引入她所任教的小学中，但学校的管理层表示"学校不想和孩子谈论有关欺凌的事"。这暴露出了许多成年人的"鸵鸟式心态"。

有些成年人（就像这所学校里的管理层），面对欺凌问题选择了视而不见，因为他们想在各自的团体中保住颜面。这些成年人辜负了孩子对他们的信任——本应进行干预却不作为。另一些人对欺凌行为视而不见的原因则恰恰相反：他们非常关心青少年的福祉，但如果发现自己实施了干预措施却没有效果，他们会更加难受。

在纪录片《欺凌》中，有个叫亚历克斯的男孩，他向学校的工作人员求助，希望得到帮助，终止同伴带给他的无情的折磨。有一次，一名同学坐在他的头上，但亚历克斯沮丧地告诉影片拍摄人员"学校并未对此采取任何措施"。然而，该校的负责人表示，她对这一事件的处理有着截然不同的看法，并坚持认为她确实通过与欺凌者谈话对此事进行了干预，而且确实已经解决了问题。在她看来，欺凌者没有再坐在亚历克斯的头上，这证明她已经取得了成效。尽管那个咄咄逼人的欺凌者继续以其他各种方式欺凌亚历克斯，但这对她来说似乎无关紧要。在和欺凌者单独进行了简短的交流之后，这名学校的负责人没有对这件事采取任何跟进措施，以检验她当初的干预措施是否有效。更确切地说，这名学校负责人的干预模式属于典型的"干预过后期待情况自动变好"模式。正如儿童发展专家罗宾·西尔弗曼（Robyn Silverman）博士指出的那样，"视而不见可能是一种让自己摆脱烦恼的做法，但这并不能有效地解决欺凌问题"。

也许这名学校负责人的问题源于一种无助感。随着剧情不断推进，她的职业声誉变得岌岌可危，孩子的福祉也受到了威胁，这让她觉得必须要想出办法尽快解决问题，并尽快让自己的办法起到效果。在对已有解决方案跟进的过程中，她很有可能会发现问题仍在恶化，从而让她不由自主地产生无助感，所以她认为最好不要采取任何跟进措施。

可悲的是，她并不是唯一一个采取这种应对方式的人，甚至许多真心实意关心孩子福祉的成年人最后都选择放弃插手欺凌事件，因为他们觉得自己会被这个复杂、棘手的问题压得喘不过气来，觉得自己缺乏处理这类问题所需要的专业能力，这使他们感到自己很无力。于是，他们就试图说服自己，让自己觉得这个问题根本不存在，或是只需一次简单的干预就能轻易解决，这样他们就不会那么焦虑了。这样一来，易受欺凌的孩子的处境是否真的安全，慢慢就没人关心了，之前的干预也会半途而废。

第 8 章　就欺凌问题展开持续对话与讨论

　　也有仅仅以自身利益为出发点来处理欺凌问题的成年人。这些成年人对营造良好的校园文化氛围、改善孩子的处境不怎么关注，他们真正在乎的只是自己的生计问题。对他们来说，即使他们的干预是无效的、不真诚的或不充分的也无所谓，只要对欺凌事件进行干预就足够了。从法律的角度来看，这些成年人可以"问心无愧"地说，他们严格按照学校或组织规定的反欺凌政策，履行了自己应尽的义务，所以能在良心上过得去。换句话说，他们并不想在这个问题上做过多的纠缠。

　　成年人必须挣脱地方政策、学校政策以及自身的不安全感对自己的束缚，才能真正为孩子的福祉着想。当欺凌问题被忽视时，孩子便无法拥有一个安全的成长环境。这会使他们无法正常学习，也无法掌握处理冲突的技能——而这恰好是一个人所必须具备的技能。相反，如果能就同伴间冲突、友谊等问题与孩子进行一场开诚布公的对话，我们就可以很容易让孩子们知道，你了解他们最看重什么，你足够关心他们的遭遇，想要倾听他们的心声。在本书的最后一章，我们将讨论如何就欺凌问题与孩子保持开放性对话的策略，以及如何贯彻执行具有针对性、有效的干预措施，从而真正解决欺凌问题。

关于欺凌，我们是否谈论得过多了

　　在我举办的关于欺凌问题的研讨会和沙龙中，一些专家和家长们经常会问我："现在的欺凌问题真的比我们小时候严重，还是我们有些夸大其词？"

我坚定地回答道："情况确实更严重了。"

手机、短信、电子邮件和社交网站的高频使用，助长了欺凌行为的影响，让孩子有了更多在私下里羞辱对方的途径，也让他们拥有了公开向大规模受众传播谣言的手段。同时，一些具有开拓性的书籍、电影和相关媒体报道也让像欺凌这样被封存已久的问题暴露在人们的视野中。

当我第一次涉足欺凌问题时，我的直觉告诉我，我是在探索一个未知的领域。在这个时代发生的欺凌行为与其他任何一代人所经历的欺凌行为都有本质的不同，情况相对更加严重了。虽然觉得充当"先驱"是件很有趣的事，但我现在改变了我的看法。大量成年人与我慷慨地分享了他们在小学、初中、高中时期遭受欺凌的经历——有的人甚至早在 40 年前就有被欺凌的经历。你可能会认为，随着时间的推移以及自身的成长，他们的痛苦可能会逐渐减轻。然而，我一次又一次地感受到，当他们再次讲述自己曾经的痛苦遭遇时，他们表露出的痛苦和我从当今这一代孩子那里感受到的别无二致。我现在确信，无论是在刚刚遭受欺凌还是在事发几十年后，谈论自己遭受欺凌的痛苦经历对当事人来说都是非常痛苦、令人难以忍受的，这一点很重要。最近，大量研究、出版物和媒体对无数受害者的欺凌问题给予了极大的关注，让他们有机会为自己发声，无论他们是在很久以前还是在最近遭受过欺凌。这令他们终于意识到自己并不孤单。

人们问我："关于欺凌，我们是否有点谈论得过多了？"

第 8 章　就欺凌问题展开持续对话与讨论

我的答案是:"确实如此。但是,我觉得这个问题值得我们大谈特谈!"

主动说出问题和被人问出来问题是两码事。我明白,当一些专家或家长问我"是不是谈得过多了"的时候,他们的潜台词,或者说他们真正想知道的是:"我们是不是有些无中生有,小题大做了?"

有趣的是,我很少有机会第一个站起来回应这一问题。每当这个问题在座谈会中被提出时,被欺凌者的父母都会第一个站起来,他们非常激动,用一个个令人揪心的案例来控诉如今的欺凌行为有多么肆无忌惮,多么普遍。

在一次座谈会上,一位母亲讲述她的女儿每晚会收到这样的短信:"自杀吧,赶紧自我了断吧。"随后,我便向在场的所有人强调,要摒弃"他们毕竟还是孩子"的心态。我还没有发现任何一位参加座谈会的嘉宾在听过一名 14 岁的女孩自杀未遂的经历后,对欺凌行为会造成的严重伤害还会持怀疑的态度——这个女孩三年来一直在学校里被她的"朋友们"称为"妓女"(她是个洁身自好的女孩)和"嗑药的"(她从未使用过毒品),在极度绝望中她做了傻事。

我经常从孩子、家长、老师和辅导员那里听到各种欺凌案例,但我并未因此感到麻木,反而每天都会因孩子面临的各种欺凌行为感到困扰和震惊。有些人可能会认为我们在小题大做,但血淋淋的事实给出了否定的答案。只有对欺凌问题展开公开的讨论,让这个曾经被人们遮遮掩掩的话题暴露在公众的视野之中,我们才能让成年人和孩子携起手来治愈这一长期存在的顽疾。

当校园欺凌行为被淡化时,家长可以做什么

我经常听到家长抱怨,当他们向学校工作人员举报欺凌事件时,结果往往会让他们感到沮丧(通常是绝望),因为学校工作人员常常会淡化欺凌事件或者干脆置之不理。尽管在学校的食堂墙上贴满了"禁止欺凌"的海报,而且校领导在秋季返校晚会上吹嘘了学校的"零容忍政策",但许多家长仍反映说实际情况其实是他们孩子的学校根本不愿意解决这个问题。他们表示,从孩子的老师或学校行政人员那里得到的答复只是些敷衍他们的话语,比如以下这些。

- 我没看到这种情况发生,我不能只相信你孩子说的话。
- 你知道的,他们毕竟还是孩子。
- 这种事情避免不了的,不过很快就会过去的。
- 你的孩子得脸皮再厚一些。
- 被你指控欺凌的那个孩子是个优等生,是学生会的副主席。我真不敢相信她会做出这样的事情。你确定你的孩子没有撒谎吗?

事情是这样的:当一位青少年鼓起勇气向大人诉说她在遭受同伴的折磨时,她通常已经用尽了浑身解数去自行解决这个问题,却依然毫无效果。这个孩子曾经试图无视欺凌者、回避欺凌者、用坚定而自信的方式反抗欺凌者、争取朋友的支持、用幽默的方式来转移欺凌者的嘲讽;这个孩子现已经关闭了她的 Facebook 主页,并完全终止与外界的联系,希望把自己从社交圈中抽离出来。她觉得这

第 8 章 就欺凌问题展开持续对话与讨论

样或许能让她从残酷的生活中得到一丝喘息的机会。然而,欺凌却仍在继续。这个孩子现在感到无能为力、苦恼,甚至有点不再相信她从大人那里学来的有关独自应对欺凌的建议,因为这些建议都没有奏效。尽管如此,她还是决定顶着屈辱感和羞耻感,去告诉她的父母学校里的人是如何欺负她的。

家长决定打电话给孩子的老师,讲出孩子的遭遇——被辱骂、收到恐吓短信、午餐时间没人愿意和她坐一块、在大厅里被讥讽、在公交车上被推搡,以及人身安全受到威胁("如果你明天再来学校,我就杀了你")。对很多家长来说,让他们主动寻求帮助是很困难的。家长们通常认为他们可以单枪匹马地帮孩子把事情解决好。他们确信自己已经采取了所有正确的措施来处理孩子的问题。然而,欺凌行为(和孩子的绝望情绪)却越来越严重,所以家长最后通常会很不情愿地给学校打了电话。在这些父母中,有许多人告诉我,当他们最终决定让学校工作人员为他们分担一些压力时,他们中的一部分人开始松了一口气。但很多时候,他们的压力只是得到了短暂的缓解。

当我与那些被欺凌者的家长交谈时,很多时候他们都有这样一种共同的经历:他们的担忧被那些负责保护学生安全的学校工作人员所忽视。家长们问我:"当我向学校报告校园欺凌事件时,学校却对我的担忧视而不见,我该怎么办?"

因此,我经常和家长们讨论这一问题。我们来谈一谈为什么有些学校工作人员会忽视家长对于欺凌事件的报告。我们讨论了我在第 1 章中所介绍的所有可能会对制止欺凌造成阻碍的因素,包括:

学校工作人员如何忽视了一些比较隐秘的欺凌事件；永远做不完的事务性工作如何削弱了老师们的干预能力；"他们毕竟还是孩子"的心态如何让一些成年人将欺凌问题淡化；令人窒息的无力感如何压垮原本关心孩子、心怀善意的成年人，让他们在干预欺凌这件事上望而却步。

在讨论了容易导致某些成年人淡化欺凌事件的各种原因后，我喜欢和家长们一起制定出切实可行的策略来争取学校工作人员的关注和重视。我强调最多的一点是，大多数孩子向家长谈起自己遭遇欺凌是需要巨大的勇气的。这是一段非常痛苦和屈辱的经历，即使孩子非常信任自己的父母，让他们吐露自己的受害经历也是非常艰难的。因此，当孩子们真的说起自己遭受欺凌的经历时，家长一定要尊重孩子这种勇敢的行为，成为孩子的保护神。

当我告诉家长们穿上他们的"超人披风"，准备好成为"超人"时，我并不是在夸大其词。因为在很多非常棘手的情况下，家长真的需要这样做。无论如何，孩子们都应该得到足够的关心和保护。那么，当家长向学校工作人员反映自家孩子受到欺凌却被学校无视的时候，家长们能做些什么呢？

多方协调

欺凌者惯用的威胁手段是孤立被欺凌者。家长制止欺凌的最佳策略是向尽可能多的人求助，从而使欺凌行为尽早结束。如果你联系了孩子的老师，得到的是非常冷漠或者轻描淡写的答复，请不要灰心。继续与学校的其他人员联系，态度要强硬一些，以确保你的呼声（更重要的是你孩子的呼声）被重视。

家长或监护人应该保持冷静，并在电话里与老师、辅导员、学校社工、校长或上述所有的人约好时间当面交流，而不应在冲动之下要求马上与学校领导进行交涉。如果家长的担忧或孩子的需求仍未得到解决，家长应该向学校的家长–教师联合组织、当地的教育局、学区总监求助。如果家长担心孩子的安全，甚至可以向当地的警察求助。

同时，家长也应该向邻居和其他家长沟通和了解情况。在此要提醒家长们，不要随意漫骂学校，或对欺凌者进行人身攻击，这样也会损害家长自身的形象；而是要争取每个相关人员都来帮助自己解决问题，从而制止欺凌行为。

我对一些家长的另一个建议是把他们的困扰发布在网上。在网络社区中，那些自己孩子受到欺凌的家长可以获得大量的支持、指导和切实可行的建议。此外，媒体对欺凌问题也越来越关注。如果家长不能说服学校工作人员表明态度，也许媒体可以做到这一点。雅基·迪马尔科（Jacqui DiMarco）是一位撰写预防欺凌题材书籍的作家，迪马尔科建议家长"在你找到解决办法之前，尽量做一个招人喜欢的讨厌鬼"。

全方位记录

父母或监护人必须记录下来孩子对欺凌事件的叙述，这一点至关重要。他们应该记录下尽可能多的细节，因为记忆往往是短暂的，而且细节显然很容易会被情绪所扭曲。当家长联系孩子学校的老师或负责人时，应记录下他们曾在何时与谁谈话。家长如果真心地想为孩子带来改变，无论何时都应该尽可能地将学校工作人员的答复逐字记下。在与老师、辅导员或校长见面之前，家长也应该写下同他们此次谈话的目标。之后，最好把协商好的结果以书面形式记录下来，并要求所有相关方在文件上签字以做确认。

将谈话、决议和商定的行动计划记录在案，有助于让家长和学校工作人员在这段容易让人情绪化的时间里达成共识。做出书面记录不是一种"傻瓜式"的操作，而是一种让所有涉事方都能被组织起来、获得知情权，并以实现目标为导向的实用方法。

对参与个别化教育计划[①]（Individualized Education Program，IEP）的孩子家长来说，可以考虑要求学校在孩子的计划中加入关于欺凌的计划目标。同时，有必要明确一下为达成计划目标校方需要采取哪些措施，包括学校工作人员在获悉欺凌行为后将采取的具体行动。个别化教育计划具备法律效应，因此学校对其非常重视。制订一个具备法律效应的行动计划以应对欺凌，对孩子来说是一项重要保护措施。更重要的是，每当学校为孩子举行个别化教育计划会议时，之前制订的计划目标——终结欺凌，以及为达成这一计划目标校方需要采取的措施都会被重新拿到会议上讨论、审视。

[①] 个别化教育计划是指为接受特殊教育的学生制定的适应其个人发展需要的教育方案，是1975年美国国会颁布的《全体残障儿童教育法案》中规定的一项内容。该法案要求地方教育部门在对特殊学生实施特殊教育之前必须组织一个包括教育行政人员、任课教师、父母及学生本人(必要时)在内的小组，共同商定教育或训练的内容及措施，制定一份书面的教育方案。——译者注

第8章 就欺凌问题展开持续对话与讨论

坚持不懈

西蒙斯写道,当孩子认为自己糟糕的现状不会得到改善时,父母所能展现出的坚定意志力会让他们受到鼓舞。事实上,父母需要始终表现出坚定不移的意志力和决心,直到孩子们的担忧被完全化解,这对孩子非常重要。这种坚持到底的决心向孩子传达出这样一种信息:他们的担忧被父母所重视,他们的安全在父母心中是最重要的,而且他们也值得父母付出时间和精力。

请记住,当孩子告诉父母他正面临的欺凌行为时,他很可能已经尝试解决这个问题有一段时间了,并且感到心力交瘁、灰心丧气。当家长表示相信孩子所说的,认真对待孩子的困扰,并愿意坚持不懈地为孩子挺身而出时,孩子的自我价值就能重新开始增长。

如果当孩子及其家人鼓起勇气说出自己受欺凌的遭遇后却遭到学校工作人员的质疑、否认和忽视,那些告诉被欺凌者面对欺凌时要为自己大声疾呼的公益广告和海报便没有了存在的意义。大人们在传递怎样的信息?还有什么做法比无视孩子的担忧和报告更容易摧毁孩子对大人的信任,令孩子产生绝望和无助感呢?大人们不能继续这样辜负孩子们对自己的信任。

一些家长可能会选择一种颇具争议的做法:要求学校管理人员允许他们的孩子转出他们遭受欺凌的班级;如果学校里其他年级或班级的一些学生也盯上了他们的孩子,这些家长则会要求让自己的孩子直接转校。反对将学生从糟糕的环境下调离的人们认为孩子需要学会直面欺凌。我采访过的一位家长坚持认为:"在现实生活中,当你遇到一名给你带来困扰的邻居或同事时,你不能总是选择逃避

213

现实，所以孩子现在就需要学会直面烦恼。"我们固然需要培养孩子们独立处理冲突的技能。然而，总让孩子处于一种易受欺凌的状态对他们来说也没有什么好处。

事实上，让孩子转校或将不良少年转到其他班级的目的，并不是要给予他们"全方位"的保护，让他们免于各种逆境，而是需要有一位值得信赖和富有同情心的成年人站出来，采取果断的行动，让孩子在身体、情感和心理上的安全都能得到保障。虽然我不建议家长轻易采取这一措施，也不建议把转学作为应对同伴冲突的第一选择，但我支持家长在必要情况下采取果断措施，让孩子们脱离恶性的同伴关系。在下面这位高中生的案例中，正是因为家长采取了果断措施才挽救了孩子的生命。

塔克是一名15岁的学生，就读于一所保守的基督教高中。学校的老师和工作人员坚定地认为同性恋是一种罪恶。因此，尽管教职员工很擅长把同情和宽容宣扬成为学校基本价值观的一部分，但当其他孩子们用侮辱性的语言谈论同性恋者时，他们却很乐于视而不见。

在他的记忆中，塔克一直记得孩子们告诉他，他长大后会成为同性恋，因为他参加了各种社区戏剧活动。当他上了高中后，关于他性取向的欺凌已经变得非常恶毒，从更衣室里的身体攻击（孩子们指责塔克在淋浴时盯着他们看），到几乎持续不断的言语嘲讽和暴力威胁。塔克每天都害怕上学。这导致他成绩下降、体重减轻、经常失眠。

在小学和初中的时候，塔克试图独自应对这些欺凌。但到了高

第8章　就欺凌问题展开持续对话与讨论

中一年级，他就无计可施了，最终决定向父母倾诉自己的遭遇。起初，父母对他的倾诉有些忽视，并告诉他不要在意。

然而，当他们看到他的成绩下降，与朋友的关系越来越疏远时，他们采取了正确的措施。他们联系学校工作人员，要求老师采取行动，保护他们的儿子。塔克的父母都毕业于塔克所就读的基督教高中，也是该学校家长－教师组织的积极成员。他们很快就和学校的教职员工进行了争论，但迟迟没有得到结果，他们认为学校没有为他们儿子提供安全的环境；而且在18个月的时间里，面对许多具体的、有据可查的关于身体、言语和网络欺凌的证据，学校都采取敷衍的态度，只是口头上应付一下。最后，塔克的父母做出了一个艰难的决定，让塔克转校。

塔克在基督教高中上了一学期就转学到邻近城镇的一所公立学校。用他自己的话说，他"走的时候头也不回，非常洒脱"。他的成绩重新名列前茅，体重、睡眠也恢复了正常，他重新感受到了作为一名青少年的快乐，找到了一群与他合得来的朋友。塔克说，即使是在新学校，他还会时不时地遭到污蔑，但他知道新学校的教职员工发现后会介入；而且每当他被针对时，他的朋友们大多都会支持他，这让他感到很安全。

在高中毕业典礼后的庆祝午餐会上，塔克告诉父母，他们为他做的最好的事情就是将他从基督教高中转到其他学校。当被问到为什么这是一个对他而言如此重要的转折点时，他表示，他知道这次转学的决定对他的父母来说真的很不容易，因为父母和学校有很深的渊源。但他们还是愿意为他的安全付出更多的努力，这是他这辈子从父母那里感受到的最有力的支持。

215

他还首次向父母透露,在10年级上半学期,他曾认真地考虑过自杀,以此来逃避多年来忍受的欺凌。他解释说:"在我知道还可以转学之前,我不认为自己有什么办法可以摆脱每天无尽的折磨。我唯一知道的是,我不能再这样生活下去了。离开那所学校后我才知道,我可以体验到一种之前从未感受到的幸福和平静。这让我有一种重生的感觉。在那之前,我几乎完全失去了活下去的欲望。"

练习:想一想,作为孩子的保护者,你能为孩子做些什么

你是否遇到过为了孩子的权利或需求与人争辩的情况?当时的情况是怎样的?无论遇到什么困难,你是如何确保自己能够代表孩子采取适当行动的?你如何运用这些经验来帮助孩子在处理欺凌事件时获得他所需要的帮助?

学校可以做什么来使人们就欺凌问题保持对话

学校和其他未成年人服务组织在使人们保持对欺凌问题的关注方面发挥着重要作用。如果他们足够明智,便会把工作的重点放在以下两方面:

- 就欺凌预防工作进行持续的对话;
- 逐步培养孩子应当互相尊重的校园文化。

尽管被动性、惩罚性和以危机为导向的干预措施很容易吸引媒

第 8 章 就欺凌问题展开持续对话与讨论

体的眼球,但它们不应成为学校和未成年人服务组织的首选。在本书的结尾,我将重点讨论学校和未成年人服务组织在制止欺凌方面可以采用的三个实用策略,使制止欺凌成为一个值得持续讨论的话题,并将讨论的重点放在积极的解决方案上。

进行全校范围内的欺凌调查

人们经常说,一旦某件事到了评估阶段就会得到解决。学校要想收集、分析和有效利用有关学校氛围、同伴关系和欺凌活动的信息,最好的方法之一就是定期对学生和教职员工进行调查。哈佛大学教育研究生院推荐了以下调查策略。

- 学校应每年进行两到三次调查。调查应在学年初进行,然后在学年中或学年末再次进行,以评估进展情况,并根据调查结果调整干预措施。
- 调查问题应包括以下内容:
    - 欺凌行为发生的频率、时间和地点;
    - 学生是否有自己信任的同伴和成年人;
    - 学生和教职员工是否相信学校践行了其所宣传的价值观;
    - 学生是否有抑郁、焦虑或孤独等症状。
- 调查要简短,并以匿名的方式对学生和教职员工进行调查。
- 学校应委派一个由学校领导、教职员工、家长和学生组成的领导小组(在必要时)来审查相关数据并制订行动计划。
- 调查结果应该在整个学校社群中得到共享,以创造变革的动力,并建立真正的问责机制。

217

不仅仅是那些已经意识到自己有欺凌问题的学校，任何学校都可以从一场全校范围内的欺凌调查中受益。事实上，这类调查工作能够带给学校最大的收获之一是，那些以前没有意识到自己眼皮子底下正发生欺凌事件的教职员工，已经了解到在平静的表面之下正酝酿着何种潜在的风险。

对于那些担心因此会招惹麻烦的人大可放心，全方位的匿名调查既不会引发欺凌行为，也不会粉饰太平。相反，如果信息收集方法运用得当，我们就可以让那些不易察觉的欺凌行为暴露在人们的视野中；如果欺凌行为未被及时发现，它就会侵蚀整个校园文化。

为学生、教师、家长和社区成员策划有关预防欺凌的活动

全校性的活动能够将人心凝聚在一起。当学校投入时间和资源来举办活动时，从策划者到筹备者，再到参与到活动中的每一个人，他们都会强烈地体现出自己的价值所在。对于一所学校来说，还有什么事能比宣称自己把学生的身体、情感和社交上的健康与福祉放在首位更值得自豪呢？全校范围内的预防欺凌活动可以是大型的，也可以是小型的；可以是活泼的，也可以是严肃的；可以是有偿的，也可以是免费的。由学校发起的预防欺凌活动主要包括以下几种形式。

工作人员的在职培训

学校工作人员必须每学年持续参加规定数量的主题教育日活动。虽然这些教育活动的主题大多集中在教学问题上，但学校仍然可以拿出足够的时间让教育工作者掌握有关预防、制止欺凌的技

第 8 章 就欺凌问题展开持续对话与讨论

能,使他们能够了解、识别和有效应对校园欺凌行为。最理想的情况是,在职培训中,学校应该摒弃过去那种照本宣科向教师重申反欺凌政策的做法,而应该让教师们有机会去真正践行那些实用的反欺凌策略,让他们了解到易于实施的课堂策略,并相信他们的日常行为能够在改变学校欺凌现象方面起到作用。

学校可以选择由校外的专家对教师进行反欺凌方面的培训。尽管校外专家最能激发教师的创新活力、鼓舞人心、提供新的反欺凌视角,并向教职员工传授新的理念,但来自学校或组织外部的人不一定能得到听众的信任。教职员工往往会怀疑学校聘请的专家是否对他们的具体情况有足够的了解,以及是否能够提出恰当的建议。此外,坦率地说,当那些从外面请来的"专家"告诉教职员工该如何完成他们的工作时,会引起学校里一些老员工的厌倦和反感。

很多时候,一位在预防和制止欺凌方面受过良好培训的学校内部成员,是就如何有效干预欺凌这一议题带领教职员工在学校里进行在职培训的理想人选。这种内部培训师的另一个明显的优势是,他可以在学年内的任何一段特定时间为同事们提供指导和咨询。除此之外,对于预算紧张的学校来说,使用这种内部培训师往往能够为学校节省很多成本。

教育工作者也可以选择与所在地区的其他学校或专业人员合作,进行预防欺凌培训。建立战略合作伙伴关系是汇集资源和分享新想法的一个有效途径。由几位不同的演讲者主持的小型会议,可以就欺凌行为和相关干预措施等问题为人们提供多种视角,同时也是一个绝佳的公关机会,学校可以通过这种会议向所在社区展示其终结欺凌的决心。

为孩子提供的预防欺凌主题讲座有各种各样的形式。低年级的孩子们通常喜欢作家来访——作家们朗读他们撰写的故事，让孩子们参与到精彩的学习活动中，并为孩子们签名赠书。小学高年级的学生以及中学生有时很难接受传统的谈话式讲座，但体验式的讲座可以让他们参与到活动中来，让他们以全新的方式去思考欺凌问题。例如，有些体验式讲座侧重于传授那些让旁观者成为"盟友"的实操技巧，可以为孩子们提供急需的技能；而且对于那些渴望在看到欺凌行为发生时自己能够采取实际行动的听众来说，这种讲座特别受用。而高中生从那些侧重于网络对同伴关系的影响、提供有关网络欺凌法律实用信息的讲座中受益较大。

家长社群论坛

对于家长或监护人来说，他们了解欺凌事件的机会往往没有专业人士和孩子那么多。学校的家长－教师组织是最适合发起社群教育论坛的团体。社群教育论坛侧重于提供信息，更重要的是，要在学校工作人员和家长的心中建立一种伙伴关系的意识。虽然在处理校园欺凌事件时，常常会出现家长和教育工作者相互对立的局面，但教育论坛可以通过持续的对话，把拥有共同语言和共同目标的所有成年人聚集在一起。当家长和学校成为合作伙伴、各显其能时，孩子们才会真正受益。

此外，在预防、制止欺凌方面，家长往往习惯于单打独斗。虽然孩子们在学校里每天都有互动，但他们的家长们却很少见面，很少互动。学校主办的教育论坛给予了家长们一个机会，让大家有机会见面、交谈、达成一致，从而共同制止欺凌行为，并让家长们感受到他们并不是一个人在"战斗"。

观看有关欺凌主题的影片

当纪录片《欺凌》于 2012 年上映时，"百万学生看《欺凌》"活动也随之启动，该活动旨在至少让 100 万名学生观看、讨论这部影片。活动主办方邀请各地学校的学生和教职员工一起观看该片，并为学校的教职员工免费提供用于指导大规模小组讨论所需的材料。主办方还继续鼓励学校工作人员与初高中学生一起观看这部纪录片，并以此为契机，就欺凌问题与孩子展开重要对话。影片中的真实案例为小组讨论和自我反思提供了非常好的素材。虽然影片中的很多内容让人看了很痛苦，但这种情感上的冲击恰恰是《欺凌》能对孩子们产生影响的原因；也正因为如此，这部影片成为用于小组讨论的理想素材。

鼓励、支持由学生主导的反欺凌倡议活动

通常情况下，在制止欺凌行为方面，要想知道一种策略管不管用，最好去听听学生们自己的想法。毕竟，对于学生群体中错综复杂的"社会状态"，学生自己才是真正的专家。同时，学生也最能了解哪些类型的倡议能够真正让大家听进去，最能激励他人真心愿意改变自己的欺凌行为。

研究人员发现，为了使由学生主导的倡议有效，应该满足两个条件：

- 当学生与有能力、受过训练的成年人接触并得到他们的支持时，由学生主导的倡议效果最佳；
- 能够与其他学生群体进行互动并激发他人的积极性的学生，往往比那些习惯于"单打独斗"的学生更有效率。

成年人还需要考虑的是，如何尽量将学生主导的倡议在整个学年内贯彻执行，而不是在学年中的某一个时间段进行集中宣传。要想让学生主导的反欺凌倡议真正能够发挥作用，就需要让这些倡议中的思想和具体措施持续融入学生的日常生活中，而不仅仅是围绕着预防欺凌这一主题展开主题宣传周或宣传月。

练习：想一想，如何让孩子成为扭转消极社交互动局面的领头羊

你如何创造条件，才能使你的学校、社区甚至家庭中的孩子能够在扭转消极社交互动局面和终结欺凌方面发挥主导作用？请至少写下三个你可以采取的具体行动，来帮助孩子带领同龄人在社交互动方面实现积极的改变。

学生主导的反欺凌倡议活动主要有哪些

在谈到如何增强学生主导的反欺凌倡议的效果时，有一点需要我们重点考虑：大多数孩子都会避免让自己被同伴孤立，怕给自己惹麻烦。事实上，融入群体往往是孩子们抵御欺凌的第一道防线。要想让孩子敢于站出来，在反欺凌活动中起到主导作用，首先必须让孩子相信这样做是安全的。

俗话说，人多力量大。同伴越多，孩子的安全就越有保障。学生主导的反欺凌倡议活动可以有效促进伙伴帮扶计划（见第 6 章）活动的展开。当一位在同伴中社会地位较高的学生与一位易受欺凌的学生结成伙伴，共同发展和推广基层反欺凌活动时，两人最初可以从彼此的身上汲取力量，然后这种反对欺凌的势头会在他们激励学校各类学生群体采取行动时不断发展壮大。成年人最明智的做法是在学生发起活动时站在他们背后给予支持，让学生们感觉倡议活动完全是由学生主导、推动的。但很明显，学校工作人员在帮助孩子们建立联盟、筹划活动，以及提供支持这些方面都起到了关键作用。

学生主导的反欺凌倡议活动形式多种多样。孩子们在自己的学校和社区中就能很容易地发起以下几种形式的倡议活动。

反欺凌请愿

近年来，在美国，即便是个人也可以通过网站轻松地引发大规模的请愿运动。人们不用再挨家挨户地去收集签名了，现在只需点击几下鼠标，请愿书就能到达民众手中。2012 年，年仅 17 岁的凯蒂·布尔特（Katy Butler）发起了一项请愿活动，要求将纪录片《欺凌》的影片分类级别由 R 级降为 PG-13 级[①]，以便让广大的未成年人能够观看到这部纪录片。她的请愿书获得了 50 多万个签名。请愿发起几周后，美国电影协会确实改变了这部影片的评级，凯蒂成了那些希望站出来制止欺凌的未成年人的榜样。

---

① 在美国，电影一般分为五个等级，不同电影等级对应的观影人群也不同，以免孩子过早观看到不适宜的电影，造成心灵上的阴影。这五个等级分别是，G 级（大众级）：任何人都可以观看；PG 级（辅导级）：该级别电影中的一些内容可能不适合儿童观看；PG-13 级（特别辅导级）：建议 13 岁后的孩子观看；R 级（限制级）：建议 17 岁以上的人观看；NC-17 级：17 岁以下（包括 17 岁）的孩子禁止观看。——译者注

反欺凌承诺书

反欺凌承诺书是学生们努力引导一大群人承诺停止欺凌的另一种方式。随着一个又一个人逐一签署一份又一份承诺，整个学校和社区都会逐渐认识到他们可以采取哪些具体行动来改变消极的社交行为习惯，支持积极的社交规范。有效的承诺书应该由发起活动的学生撰写，并包含一份具体的积极行为清单（如"当我看到欺凌行为发生时，我将采取行动。我不会一走了之，也不会等待别人出面制止"）。虽然承诺书并不具有法律约束力，但签署承诺书的行为表现了学生对正确价值观的接受和尊重。此外，仅仅是将撰写好的承诺书传递给数十名同龄人这一简单的举动，就能充分体现出孩子在终结欺凌倡议活动中的领导力。

反欺凌文化衫

蓝色是反欺凌宣传的常用颜色。同学们可以邀请大家在指定的日子里穿上一件蓝色的衣服，以此对被欺凌的孩子们表示支持和声援，同时也表达了同学们对制止欺凌行为的决心。这样的活动可以引导孩子以积极的方式融入同辈群体。同学们也可以在背包或外套上系上蓝丝带，以此作为一种反对欺凌行为的标志。

欺凌主题游行

想象一下，在学校的走廊里有一片蓝色 T 恤的海洋。数百名孩子、家长和社区成员身着蓝色的反欺凌宣传服，一起徒步行走，为欺凌预防项目募捐，提高人们对欺凌问题的认识。孩子们可以组织整个社区展开游行，也可以只组织学生和教职员工展开游行。由学生主导的活动是充满无限可能的，但同时要注意，游行的队伍不一定非要走得很远才能产生巨大的影响。在操场上绕两圈，就足以提醒整个学校的学生要抵制欺凌行为，全校学生都要把制止欺凌行为视为一件非常重要的任务。

营造良好的校园餐桌文化

正如第1章所指出的，欺凌往往发生在教室外，发生在学校走廊、公共汽车、更衣室和食堂等无人监督的地方。成年人可以帮助学生集中精力制止这些关键区域内的欺凌行为。例如，可以帮助学生在学校食堂里建立一种利于营造和谐校园气氛的座位安排制度，确保每个人每天就餐时都能有人陪伴，不被排斥。

弘扬仁爱精神

由学生主导的倡议活动不应该把所有重心都放在"反对欺凌"上，还应该鼓励孩子们以有趣的方式展开良性互动，从而在学校里营造一种尊重他人的文化。通过学校的扩音系统公开表扬好人好事，或者在学生主导的活动中公开表扬学生的善举，都是表扬个人积极行为的有效方式。这类举措的关键在于，确保那些最能从善举中受益的学生（处于弱势的学生）不会被冷落，而那些在同伴中已经享有较高社会地位的学生，能够让身边的人也像自己一样赢得同伴的尊重和喜爱。要确保孩子不会因为自己的某些善举而被其他人排斥，成年人在这一方面起着关键作用。

发展个人能力圈

面对欺凌，孩子常常感到无能为力。发展个人能力圈[1]可以帮助孩子在目睹或遭受欺凌时重新获得掌控力。想在制止欺凌行为方

---

[1] 你对某个领域非常了解，这个领域所有的事你都了如指掌，处理这个领域的问题你都自信满满，你是这个领域前一千名，甚至前一百名，前十名的专家，你足够专业，你知道这个领域的游戏玩法和规则……这个领域就是你的能力圈。——译者注

面有所作为的学生可以带领同龄人组成小组，参加下面这个既简单而又有效、不需要任何成本、分三步走的活动。你所需要准备的只有纸和笔。

首先，孩子们要让同伴们在一张纸的中央画一个中等大小的圆圈。在圆圈内，写下他们面对欺凌时所有无法控制的事情（例如，欺凌者的行为、地点、同伴的反应）。这个环节花费一分钟的时间。

接下来，孩子们应该指导同伴们在现有的圆圈外周画一个大圆圈。在这个圆圈内，写下所有他们在遇到欺凌行为时自己所能控制的事情。学生们应该互相鼓励以发挥彼此的创造性，并对他们可以做的所有事情进行充分的思考。例如，向被欺凌的孩子伸出援手；不要嘲笑他人或做出任何助长欺凌的行为；告知成年人（欺凌行为的发生）；告诉欺凌者立刻终止欺凌行为。这个环节花费两分钟的时间。

最后，应该引导同伴互相讨论，承认面对欺凌时，有些事情是孩子们无法控制的；但孩子们还是可以做很多事情的，他们恰恰是在这些事情上能够发挥巨大的作用，有效地制止欺凌。关键在于让学生们互相帮助，让他们在帮助他人的过程中了解、感受到自己在制止欺凌方面所拥有的力量，以此改变自己的内心世界。

这种活动当然也可以由成年人领导、主持，但这种活动之所以能产生作用是因为孩子们可以在此过程中互相激励对方采取行动来制止欺凌。

反欺凌"八字箴言"

每当一场预防欺凌讲座即将结束时，我经常会让在场的孩子用简单的八个字来总结他们所学到的知识。孩子们可以在小组或全校

第8章 就欺凌问题展开持续对话与讨论

范围内,让他们的同学们用简明扼要、易于记忆的短语来表述自己制止欺凌的经验。这八个字可以写在黑板报上、贴在教室墙壁或学校走廊上。同学们可以在学校集会上分享各自的"八字箴言",将它们印在蓝色 T 恤上,也可以将它们发表在在校刊上。创作预防欺凌的"八字箴言"是一种简单易行的活动,孩子们在此过程中既可以让自己受益,也有利于让整个校园内的学生群体思考并讨论如何制止欺凌行为。

我用自己的"八字箴言"为这本书画上圆满的句号:防微杜渐,终结欺凌。

就欺凌问题展开持续对话与讨论的 10 项实用策略

1. 不要因为学校或地方政策而否认欺凌的存在。冲突是生活中正常的一部分;教孩子们如何应对冲突也是教育的一部分。
2. 作为家长,如果你的孩子遭受了欺凌,要不遗余力地为孩子提供保护。
3. 作为学校的工作人员,在整个学年中(而不仅仅是在发生欺凌危机的时候),都要时刻把制止欺凌这件事放在心头。
4. 为孩子、学校工作人员、家长和社区成员策划相关活动,使所有对此话题感兴趣的团体都积极参与到制止欺凌的活动中来。
5. 让孩子们参与到反欺凌活动中来,让他们有一种自豪感、主人翁意识,并对制止欺凌行为做出承诺。
6. 就欺凌问题,调查学生在学校内欺所经历过和观察到的情况。

7. 就如何将学校的反欺凌政策融入学生的日常实践中征求学生的意见。
8. 将孩子们分成若干小组，让他们思考在学校、社团、家庭和社区中可以做些什么来改变欺凌文化。
9. 举办一项全校性的竞赛，让孩子们设计一件以抵制欺凌为主题的文化衫。获奖作品的设计方案将用于制作某校的反欺凌主题文化衫。
10. 摆脱学校声誉和个人的不安全感对自己的束缚，关注孩子们的切实需求。

8 Keys to End Bullying: Strategies for Parents & Schools
ISBN：978-0-393-70928-5
Copyright © Signe Whitson, 2014
First published in 2014 by W. W. Norton & Company.
Published by arrangement with W. W. Norton & Company through Bardon-Chinese Media Agency.
Simplified Chinese translation copyright © 2022 by China Renmin University Press Co., Ltd.
All Rights Reserved.

本书中文简体字版由 W. W. Norton & Company 通过博达授权中国人民大学出版社在全球范围内独家出版发行。未经出版者书面许可，不得以任何方式抄袭、复制或节录本书中的任何部分。

版权所有，侵权必究。

北京阅想时代文化发展有限责任公司为中国人民大学出版社有限公司下属的商业新知事业部，致力于经管类优秀出版物（外版书为主）的策划及出版，主要涉及经济管理、金融、投资理财、心理学、成功励志、生活等出版领域，下设"阅想·商业""阅想·财富""阅想·新知""阅想·心理""阅想·生活"以及"阅想·人文"等多条产品线，致力于为国内商业人士提供涵盖先进、前沿的管理理念和思想的专业类图书和趋势类图书，同时也为满足商业人士的内心诉求，打造一系列提倡心理和生活健康的心理学图书和生活管理类图书。

《折翼的精灵：青少年自伤心理干预与预防》

- 一部被自伤青少年的家长和专业人士誉为"指路明灯"的指导书，正视和倾听孩子无声的呐喊，帮助他们彻底摆脱自伤的阴霾。
- 华中师大江光荣教授、清华大学刘丹教授、北京大学徐凯文教授、华中师大任志洪教授、中国社会工作联合会心理健康工作委员会常务理事张久祥、陕西省儿童心理学会会长周苏鹏倾情推荐。

《灯火之下：写给青少年抑郁症患者及家长的自救书》

- 以认知行为疗法、积极心理学等理论为基础，帮助青少年矫正对抑郁症的认知、学会正确调节自身情绪、能够正向面对消极事件或抑郁情绪。
- 12个自查小测试，尽早发现孩子的抑郁倾向。25个自助小练习，帮助孩子迅速找到战胜抑郁症的有效方法。